Rudolf Fuchs

Die Verborgenen Pforten zum Yoga

Von Yesudian zu Patañjali
Beispiele und Übungen

Raja Verlag
Stuttgart

Mitarbeit
Jutta Marie Zimmermann
Wilfried Huchzermeyer
Carmen Schäfer

Titelbild
Aquarell von Jutta Marie Zimmermann

Umschlaggestaltung
Ralf Krischok, Stuttgart

Text und Übersetzung
der Yoga-Sūtras aus
"Yoga-Sūtra
Der Yogaleitfaden des Patañjali"
Übersetzt von Helmuth Maldoner
Raja Verlag

Zitat im Vorwort aus
Patañjali "Die Wurzeln des Yoga"
Otto Wilhelm Barth Verlag

Übersetzung der Verse 8, 9 und 10
der Māṇḍūkya Upaniṣad
von Margret Distelbarth

1. Auflage

ISBN 3-936684-08-1

Raja Verlag
Brunnenwiesen 76
70619 Stuttgart
Tel. 0711 / 4573691
e-mail: jmz@raja-verlag.de

Druck und Bindung
DCC Kästl, Ostfildern

Wer zu finden meint,
ohne gesucht zu haben,
wer eine offene Pforte erwartet,
durch die er eintreten kann,
ohne angeklopft zu haben,
der wird manches lernen können,
von der entscheidenden Erkenntnis
wird er aber ausgeschlossen sein.

Hans-Ulrich Rieker

Inhaltsverzeichnis

01 Pforten, Tore, Türen
Das beste Versteck für eine Tür ist eine Tür
03 Der Yoga wird durch den Yoga erkannt
Noch weiter geht die Tür nicht auf
04 *śauca*
Reinheit im Blickfeld des ersten und zweiten Kapitels der Yoga-Sūtras
06 *svādhyāya*
Das Selbststudium
08 *tapas*
Die Übung: Askese, Strenge, Hitze?
10 *viniyoga*
Eine Methode in der Yogalandschaft
13 Immer der Nase nach
Klingt salopp, stimmt trotzdem
15 Wer bin ich?
Die Frage öffnet eine Tür, durch die wir zweimal gehen müssen
16 Yoga, schrittweise
Behutsame, gestufte, gegliederte Übergänge
18 Absent Treatment
Was ist unter Fernbehandlung zu verstehen?
20 *āśrama*
Vier Zeitalter, vier Neuanfänge in unserem Leben
22 *nirodha*
Ein Wort, mit dem unser Verständnis für Yoga steht und fällt
23 *so'ham*
Wenn ein Wunder geschehen soll
25 *āśā saṃkalpa tapas kṣudhā artha*
Hunger ist eine steigerungsbereite Grundfunktion unserer Natur
27 Ich habe Kopfschmerzen
und erwarte ein Wunder
29 Lehrbücher
Ihre Lehrbücher brauchen Sie täglich
31 *veda*
Die Veden aus unserer Sicht
33 Behinderungen
Behinderungen behindern
35 Heilungen mit Yoga
Selbstbehandlung mit Übungen
37 Imaginationen
Wo und wie wir ansetzen
39 Der schwerste Schritt
Den wir nur zulassen können
41 Ein Ruck
Auch ein Lernvorgang im Yoga
43 *kumbhaka*
Im Yoga üben wir die Atempause
45 Das Übungsblatt
Ein besseres Sprungbrett gibt es nicht
47 Wirkungen
Das Ausbleiben von Wirkungen beruht auf einem Mangel an Erfahrungen
49 Das Gegenteil ist auch richtig
Die Wahrheit hat zwei Seiten
50 Schub und Sog
Ein einfaches Modell
51 F+A Selbsttest
Du bist dein eigenes Selbst
53 Sitzen
Der Yoga der drei Worte
55 Wie Wann Was Wo Warum
üben wir Yoga
59 *prāṇa*
Ma Yogashakti
60 *prāṇa*
Selbstheilkraft
62 Eine Sommerschule
Sommerschule 2004
64 Yoga-Nidrā
Die erste Übungsstunde
66 Berufliches
Unterfordert / Überfordert
67 F+A *brahma muhūrta*
Der Zeit- und Ausgangpunkt
69 F+A Sport und Yoga
Das Ziel ist *kaivalya*
71 *cakras*
Übungen
73 Indologische Studien
Man wird unterscheiden müssen
74 *nidrā*
Ist der Tiefschlaf eine *vṛtti?*
76 Über den Umgang mit Kranken
Krankheiten als solche gibt es nicht
77 F+A Unterschiede
Der Yoga-Therapeut
79 *āsana*, imaginativ
śīrṣāsana
80 Die Methode Yesudian
Anfang und Entwicklung

Vorwort

Die Verborgenen Pforten zum Yoga
Von Yesudian zu Patañjali
Beispiele und Übungen

Die Yoga-Sūtras, der authentische Yoga unserer Zeit, wurden vor mehr als zweitausend Jahren von dem indischen Weisen und Grammatiker Sri Pantañjali nach noch älteren Quellen formuliert. Für die Yogaübenden unserer Tage sind die Sūtras meist interessante, aber nicht in die Praxis wirkende Lektüre, und für engagierte Wissenschaftler wichtige Studienobjekte zur Erforschung einer fremden Kultur.
Auf der Basis von Selvarajan Yesudians Übungsstil hat unsere Schule verbindlichen Zugang zu den Yoga-Sūtras gefunden. Ein Ergebnis unserer Forschung und Praxis über vierzig Jahre führte zu der Einsicht, dass die Yoga-Sūtras schon deshalb nicht durch ein anderes, grundlegendes Konzept ersetzbar sind, weil es ein solches nicht gibt.
Außerdem haben wir erfahren, dass der Zugang zum Yoga nicht mit Lernmethoden, Darlegungen und Techniken westlicher Art erfolgen kann. Begründet ist diese Tatsache darin, dass der Yoga erst nach der Öffnung des Bewusstseins als dessen integrierender Bestandteil erkannt wird. Vyāsa, ein früher Kommentator der Sūtras sagt dazu: "Der Yoga wird durch den Yoga erkannt." Oder, wie die Autoren P.Y. Deshpande und Bettina Bäumer es ausdrücken: "Wenn die Schau des Yoga als echt angenommen wird, entsteht ein qualitativ neuer und ganz radikaler Geist *(dhyānaja citta),* den die Yoga-Disziplin hervorruft..."
Diesen Weg haben wir erkundet und dabei eine Pforte zum Yoga gefunden, die uns nicht nur seine spirituelle Dimension zeigt, sondern auch unsere Bodenhaftung mit dem westlichen Alltag erhält und sogar fördert. Besondere Bedeutung gewann für uns im Laufe der Zeit der im Yoga schlummernde heilkundliche Aspekt.
Einen Niederschlag unserer Praxis und Studien haben wir als "Die Verborgenen Pforten zum Yoga" bezeichnet, von denen wir mit dieser Arbeit einen Teil vorlegen.

Stuttgart, im Dezember 2004 — Rudolf Fuchs

Yoga-Schule Stuttgart

Die Verborgenen Pforten zum Yoga

Pforten Tore Türen

Ich bin sicher, Sie würden einen Menschen in Not nicht von
Ihrer Tür weisen und hoffe, ebenso sicher sein zu können,
dass Sie weder ihn noch andere in Ihren Übungsbereich einlassen.

Wir leben in einer gegliederten Welt: Mineralien, Pflanzen, Tiere und Menschen bilden eine aufeinander gestufte Reihe der Entwicklung von Bewusstseinsformen und deren Verkörperungen. Diese Gliederung haben wir nicht erfunden, wir können sie nicht ändern und finden sie wieder in allen Erscheinungsweisen der Natur und in von uns entwickelten Systemen. Es handelt sich dabei um die vertikale, die hierarchische Struktur der Welt. Bei näherer Betrachtung erkennen wir, dass die einzelnen Glieder miteinander verbunden sind und einander bedingen. Wer dem Weg der Yogis folgt, kennt diese Ordnung aus seiner eigenen Übungserfahrung und aus der Lehre und hat durch ihre Übernahme in den Alltag weniger Mühe in diesem Bereich. Denn so wie es die natürlichen hierarchischen Entwicklungsstufen gibt und, analog dazu, von den Lehrern gesetzte Übungsglieder, gibt es entsprechende soziale Abstufungen.

Der im Raum der Übungen geltende Name für gestufte Ordnung ist *aṅga*. Name und Sinn lassen sich ohne weiteres auf alle Situationen des Lebens übertragen und erleichtern dort die von uns geforderten Entscheidungen. Gegliedert, schritt- und stufenweise kommen wir besser voran (Reinhold Messner besteigt den Mount Everest fünfzigmeterweise).

Aus unserem sozialen Leben wissen wir, dass die Strukturen der vertikalen Ordnung teil- und/ oder versuchsweise aufgelöst worden sind, und dass sich manche Menschen bemühen, solche - vertikale - Gliederungen nicht zu akzeptieren. Diese Versuche haben sich auf nicht-soziale Zusammenhänge, wie zum Beispiel konfessionelle Hierarchien übertragen. Auch der Yoga ist weder im personalen Bereich noch in der Auslegung der Lehre verschont geblieben: man macht "Yogaübungen", man spricht "Mantras" und so weiter, ohne Einbindung in *atha* und *iti*, den Kreislauf des gesetzten Anfangs und Endes.
Natürlich kennt die Tradition der Yogalehre solche Versuche und hat ihre eigenen Vorkehrungen getroffen, Menschen nicht voreilig in Experimente - wie Yogaübungen - zu stürzen, deren Konsequenzen weder sie noch ihre "Lehrer" ahnen, ihnen aber auf der anderen Seite auch nicht die Tür zum Yogaweg nur wegen eines Missverständnisses zu verbauen.

Gewissermaßen haben die Lehrer den Zugang zum Yoga hinter dem Yoga versteckt bzw. verborgen. Gibt es für eine Tür ein besseres Versteck als eine Tür?
Direkt und auch im übertragenen Sinn haben wir ein gutes Verhältnis zu Türen.
Unter freiem Himmel können wir nicht leben, Tore und Türen verbinden unsere Wohnräume mit den äußeren Räumen der Welt.
Es ist die Grundbeschaffenheit unseres Wesens, des Körpers und des Geistes, Räume zu verbinden. Im körperlichen Bereich spielt die Tür, die so funktioniert, wie wir es wünschen, eine entscheidende Rolle. Wir haben es bei von uns gefertigten Türen in der Hand, wie sie sich öffnen und schließen, nach innen oder nach außen. Und wenn von einer Tür die Rede ist, einem Tor oder einer Pforte, haben wir auch schon ein Bild vor Augen, wie wir mit ihr umgehen.

Bei einem solchem Maß von Vertrautheit liegt es nahe, Vertrauen bei jeder Gelegenheit anzuwenden, auch im geistigen Raum und auch im Yoga.
Nur, dieser Versuch misslingt in beiden Fällen, zwar nicht ganz, aber er führt nur an das äußere Tor, das innere öffnet sich nicht in der gewohnten Weise. Ein anderer Stil muss gelernt werden, damit die Tür zum Herz im Herzen, zur Tiefe des Gemüts, zum Yoga im Yoga - sich öffnen kann. Diese Türen öffnen sich von innen nach außen - dem, der anklopft, und dann wach und geduldig wartet. Das Schlüsselwort, mit dem wir im Yoga anklopfen - es ist kein Geheimnis - heißt *atha.*
Atha weist den in Not geratenen Verstand nicht von der Tür (der Lehre), sondern führt den ganzen Menschen an die Verborgene Pforte von *yoga-aṅga* und dort Schritt für Schritt in die Höhen und Tiefen seines Wesens.

yoga-aṅga-anuṣṭhānād aśuddhī-kṣaye
jñāna-dīptir ā viveka-khyāteḥ //
Durch tägliche, nach und nach voranschreitende Einführung in
die Glieder des Yoga-Systems, mit einhergehender Verminderung
und folgendem Verschwinden der Unreinheiten, entsteht die
Erleuchtung des Wissens und entwickelt sich hinauf zum Zustand
der Schau der Unterscheidung.
Yoga-Sūtra II,28

Yoga-Schule Stuttgart

Die Verborgenen Pforten zum Yoga

Noch weiter geht die Tür nicht auf

Aus Vyāsas Kommentar zu Yogasūtra III,6:

योगेन योगो ज्ञातव्यो
योगो योगात्प्रवर्तते ।
यो ऽप्रमत्तस्तु योगेन
स योगे रमते चिरम् ॥

yogena yogo jñātavyo
yogo yogāt pravartate/
yo'pramattas tu yogena
sa yoge ramate ciram/

Rāma Prasādas Übersetzung:

The Yoga is to be known by the Yoga;
the Yoga becomes manifest by the Yoga;
whoever is not confused, enjoys the Yoga
for long by the Yoga.

Der Yoga wird durch den Yoga erkannt.
Der Yoga geht aus dem Yoga hervor.
Wer sich nicht verwirren lässt,
erfeut sich durch Yoga
lange am Yoga.

Yoga-Schule Stuttgart

Die Verborgenen Pforten zum Yoga

śauca

im Blickfeld des ersten und zweiten Kapitels der
Yoga-Sūtras

Andächtig sitzt die Frau vor dem Śiva-Schrein.
Der Priester tritt auf sie zu und ermahnt sie, ihre Beine mögen
nicht in die Richtung von Śiva zeigen.
Erschrocken schaut sich die Frau um und fragt,
wo denn in diesem Raum Śiva nicht sei.

Aufmerksam legt der Besucher die Sandalen ab
und wäscht seine Füße, bevor er das Innere
des Tempels betritt.

Wenn man Beispiele heranziehen will, kann man den Unterschied zwischen *samādhi-pāda*, dem ersten Kapitel der Yoga-Sūtras, und *sādhana-pāda*, dem zweiten, nicht besser beschreiben.
Übende begegnen *śauca*, Reinheit, als einer Pforte auf dem Weg zum Yoga in unterschiedlicher Weise. Die einen sagen: "Ich bin rein", die anderen beginnen mit dem Reinigungsritual schon vor dem Tor.
Die Haltung gegenüber *śauca* ist ein Merkmal bei der Unterscheidung der im ersten und zweiten Kapitel der Yoga-Sūtras des Patañjali beschriebenen Yogawege.
Die *pādas*, die Säulen bzw. Kapitel der Yoga-Sūtras zeigen jeweils einen anderen Zugang zur Lehre. Das erste Kapitel kennt keine Methode, das zweite Kapitel ist Methode.
Das erste Kapitel kennt keine Methode, es sei denn, man will die dort geforderte Disziplin, die allerdings für alle Wege gilt und oft auch als Konzentration oder "Achtsamkeit - auf das, was ist" bezeichnet wird, eine Methode nennen.

Sūtra (I,12): *abhyāsa-vairāgyābhyāṃ tan-nirodhaḥ*
Die Stilllegung (der *citta-vṛttis*) erreicht man durch Übung und
Leidenschaftslosigkeit.

Das erste Kapitel beschreibt die Eigenschaften des "von selbst geschehenden" Yoga und nennt keine formulierten Übungen. Dieser Yoga setzt - im Prinzip - die Lehre dem Leben gleich. Für diesen Yoga ist alles Übung, ist alles auf *nirodha*, die nicht vermeidbare Finalität, als der eigentlichen Idee des Lebens und des Yoga, gerichtet.
Weil viele - im Grunde alle - Menschen zwar im Bereich von *samādhi-pāda* leben, aber doch meinen, außer Andacht noch etwas mehr zu ihrem Seelenheil beitragen zu müssen, gibt es den Weg des zweiten Kapitels: *sādhana-pāda*.
Im Gegensatz zu *samādhi-pāda* legt *sādhana-pāda* genau beschriebene Übungen vor.

Sūtra II,1 lautet: *tapaḥ-svādhyāya-īśvarapraṇidhānāni kriyā-yogaḥ*
Askese, eigenes Studium und Hingabe an den Herrn bilden
den Yoga der heiligen Handlungen.

Während Erkenntnis in *samādhi-pāda* mit dem, was in der Medizin als Sekundenphänomen bezeichnet wird, verglichen werden kann, verläuft das Betreten des zweiten Weges - im Verlauf von drei mal sieben Jahren - eher einschleichend. Dieser Weg wird auch *kriyā-yoga*, der Weg der heiligen - und von dort her - heilenden Handlungen, genannt.

Sūtra II,28 drückt es so aus: *yoga-aṅga-anuṣṭhānād-aśuddhi-kṣaye*
jñāna-dīptir ā viveka-khyāteḥ
Durch tägliche, nach und nach voranschreitende Einführung in
die Glieder des Yoga-Systems, mit einhergehender Verminderung
und folgendem Verschwinden der Unreinheiten, entsteht
die Erleuchtung des Wissens und entwickelt sich hinauf zum Zustand
der Schau der Unterscheidung.
Anmerkung: Unterscheidung - zwischen dem, was vergänglich, und dem, was nicht vergänglich ist.

Anschließend, in Sūtra II,29, folgt die Beschreibung der
einzuhaltenden Übungen:
yama-niyama-āsana-prāṇāyāma-dhāraṇā-dhyāna-samādhayo'ṣṭāv aṅgāni
allgemeine/äußere Ordnung, besondere/innere Ordnung, rechte Sitzhaltung, Atem-Achtsamkeit, Zurückziehen der Sinne, Sammlung, reine Beobachtung,
Einssein sind die acht Glieder des Yoga.

Hier sind die Übungen festgelegt. Wäre dem nicht so, würde die Forderung "durch wiederholte, tägliche, sukzessive Einführung in die Glieder des Yoga-Systems" nicht erfüllt. Dieser Weg erlaubt keine Spielräume, die einzelnen Glieder im Yoga-Sūtra II,29 können zwar unterschiedlich stark betont werden, müssen aber in ihrer Reihenfolge bleiben. Eine Ausnahme: Der Yoga der acht Glieder erlaubt den Einstieg bei der dritten Stufe, bei *āsana*.
Śauca, als Pforte zum Yoga, ist keine Situation für sich selbst, sie ist Voraussetzung für *saṃtoṣa*, Zufriedenheit, und die weiteren Merkmale des Weges.

Sūtra II,32: *śauca-saṃtoṣa-tapaḥ-svādhyāya-īśvarapraṇidhānāni niyamāḥ*
Innere und äußere Reinheit, Zufriedenheit, Askese,
Selbststudium und Hingabe an den Herrn sind die
Regeln der inneren Disziplin.

Yoga-Schule Stuttgart

Die Verborgenen Pforten zum Yoga

svādhyāya
Das Selbststudium

Die Erfahrung, dass das Licht in dir scheint, mag ganz plötzlich kommen und mag dich sogar überraschen, wenn du sie gar nicht erwartest. Du findest Schutz direkt in dir. Du erfährst, dass das Gemüt in deiner Gewalt und das ganze Wesen beruhigt ist. Du fühlst, dass eine hohe gnädige Macht ihre Wirkung auf dich hat. Du fühlst, dass du diese Macht bist. Dies zu wissen, ist *svādhyāya.*

Vasant V. Paranjpe

... dass wir zu unserer Not und Lust durch die hohle Gasse der Naturwissenschaft hindurch müssen, wenn wir zu jener uns im Herzen verheißenen Tagesansicht gelangen wollen.

Goethe

Geh in dich hinein und hole die Upanischaden aus deinem eigenen Selbst heraus; du bist das größte Buch, das jemals war und jemals sein wird, die unendliche Schatzkammer von allem, was ist. Alle äußere Belehrung ist vergebens, solange der innere Lehrer nicht erwacht.

Vivekananda

Als mich der Brahmane Vasant V. Paranjpe Anfang der siebziger Jahre zum ersten Mal sah, sagte er zu mir: "We do not meet the first time". Das war in den Räumen meiner Praxis, wo auch der Yogaunterricht stattfand. Ganz verstanden habe ich die Worte damals nicht, sie waren mir aber auch irgendwie nicht fremd. Heute weiß ich, was bzw. wen er mit seiner Begrüßungsformel meinte: Er sprach das Gemeinsame, nicht das Individuelle, in uns an. Seine Worte betrafen nicht den unbekannten, persönlichen Menschen, sondern das hinter diesem - ebenso wie hinter ihm - stehende gemeinsame Selbst. Vasant hat eine Weile bei uns unterrichtet, aber leider konnte ich seinem Weg, dem Fünffältigen Pfad mit *agni-hotra*, nicht folgen, die Würfel waren vorher schon anders gefallen.
Die Begegnung mit Vasant war eines jener großen, mit Reinigung und Klärung verbundenen Erlebnisse, die den sich lebenslang erneuernden Schritt vom vordergründigen zum eigentlichen Sinn herausfordern. Und es war damit ein - im Laufe der Zeit immer deutlicher werdendes - Geburtserlebnis zum Verständnis des "Yoga im Yoga".
Wenn im Yoga vom Herz die Rede ist, ist immer auch das Herz im Herzen gemeint. Die verborgenen Pforten zum Yoga liegen hinter den allgemein zugänglichen Erscheinungen. Die Technik der Yogapraxis führt zuerst, auf auch naturwissenschaftlich bekannten Wegen, an die erste Pforte, dann aber über diese hinaus - vom Ich zum Selbst.

Yogaübende ahnen das und wollen deshalb mehr als nur die üblichen Übungen lernen. In ihrer Unkenntnis der Zusammenhänge sagen sie dann, sie wollen mehr vom Yoga "wissen". Dann lernen sie, im gleichen Stil, den sie schon in der Schule hatten; aus der Bhagavad-Gītā oder den Upanischaden knüpfen sie ein Wissenselement an das andere. Was sie aber wirklich meinen, ist etwas ganz anderes: sie wollen einen anderen Stil kennen lernen, eine Methode, mit der sie nicht nur das Wissen und die Texte anderer, sondern sich selbst studieren, sich selbst erforschen und verstehen können. Sie wollen die Yogatechnik *svādhyāya*, das Selbststudium lernen.

Übende wissen oder vermuten, dass weder westliche Psychologie noch Philosophie auf Yoga angewandt zu befriedigenden Ergebnissen führen. Wenn sie nämlich schon eine Zeit lang die Körperhaltungen, *āsanas*, geübt haben, sind sie mit verschütteten Erfahrungen wieder in Berührung gekommen; sie kennen ganz genau ein neues, dringliches Gefühl, auf das sie nicht mehr verzichten wollen, etwas, was im Yoga mit *īśvara-praṇidhāna*, Hingabe, beschrieben wird. Wer durch üben und lernen viel "gewonnen" hat, wird misstrauisch, wenn es nicht dafür im gleichen System einen angemessenen Ausgleich gibt, einen zum Gewinn passenden Dank. Diese Unsicherheit schwindet sofort bei der Besinnung auf das sowohl die Körperhaltungen wie auch das Selbststudium einleitende Sūtra (II,1):

tapaḥ-svādhyāya-īśvarapraṇidhānāni kriyā-yogaḥ
Askese, eigenes Studium und Hingabe an den Herrn bilden
den Yoga der heiligen Handlungen.

Erfahrung lehrt, dass Selbststudium weder Anfang noch Ende hat, dass uns das Leben im Rhythmus von Tag und Stunde, von Atemzug zu Atemzug, vor immer neue Aufgaben und Lösungen stellt. Und dass heilige und heilende Handlungen ein und dasselbe sind.

Yoga-Schule Stuttgart

Die Verborgenen Pforten zum Yoga

tapas
Die Übung

Hoppla,
sind Sie gestolpert? Über Askese?
Das wird Ihnen im Yoga noch öfter passieren. Oft
hören Sie Wörter, die nicht nur die Füße zum Straucheln bringen.
Aber deshalb läuft man doch nicht weg.

In unserer Schule sagen wir nicht "Askese", auch nicht "Strenge", auch nicht "strenge Übung", wenn wir von *tapas* reden. Wer es mit sich ehrlich meint, und auch das wird der Yoga dem Übenden oft abverlangen, kommt mit dem schlichten Begriff "Übung" ganz gut zurecht. Wodurch sonst als durch Beharrlichkeit und Ausdauer würde sich denn das Üben vom Nichtüben unterscheiden? Im Duden wird der Asket u.a. als "jemand, der sich in etwas übt", bezeichnet. Statt dem Wort Übung extra Schärfe hinzuzufügen, geht der Yoga andere Wege.
Das heißt: Ein Begriff oder eine Übung steht im Yoga in einem ganz bestimmten gestuften Zusammenhang mit ihrem Umfeld, außerhalb dieses Zusammenhangs gelten die Yogaregeln nicht. So wie *āsanas*, die Körperhaltungen, in einer sportlich, gymnastisch oder heilpädagogisch geprägten Umgebung ihre Wirkung gar nicht entfalten können, so können auch andere Maßnahmen des Yoga nicht gedeihen, wenn ihre Einbindung fehlt. Die in einer Übungsstufe entstehenden Kräfte, vielleicht der Freude, vielleicht des Schmerzes, werden von der nächsten aufgefangen und weitergeleitet, so lange, bis der Übungskreis in sich geschlossen ist. Dieser Ablauf ist gemeint, wenn von Yoga gesprochen wird (siehe Yogasūtra III,6}. Niemals wird ein Übender mit seinen Erlebnissen - auf der Übungsmatte und auch sonst - allein gelassen, nicht vom Lehrer und erst recht nicht vom System.

Diese Erkenntnis wird beim Übenden jedoch nur langsam Fuß fassen und immer wieder auf Skepsis stoßen, besonders bei *tapas*, weil dabei erst einmal das Unbehagen überwiegt.
Wärme, Hitze, wie *tapas* auch genannt wird, entsteht durch "Verbrennung", die Yogis sagen, der inneren und äußeren Unreinheiten. Das Verfahren ist nicht gerade gemütlich, gewöhnlich führen wir uns Wärme und Wissen aus anderen Quellen zu; mit *tapas* wird Betriebswärme und verborgenes Wissen aus dem träge gewordenen eigenen Bestand zum Vorschein gebracht.

Dass bei diesem Prozess gebündelt körperliche und geistige und soziale, unlebendige, zu Schlacken gewordene Ablagerungen - manchmal Erfahrungen genannt - eingeschmolzen werden, bringt Unbequemlichkeiten mit sich, ist aber der eigentliche Grund weshalb der Yoga als "heilsam" gilt.

Mit *tapas* wird das zweite Kapitel und damit der zweite, mögliche Weg des Yoga nach Patañjali eingeleitet.

tapaḥ-svādhyāya-īśvarapraṇidhānāni kriyā-yogaḥ
Askese (ständige Übung), Selbststudium und
Hingabe an der Herrn (machen den Yoga der Tat aus.) YS II,1

Im Gegensatz zu dem von selbst geschehenden Yoga des ersten Kapitels können wir auf dem Weg des zweiten Kapitels tatkräftig mitwirken. Und wenn wir stolpern, wieder aufstehen. Das ist es, was unser Lehrer, Selvarajan Yesudian, mit seinem Buchtitel meint, "Steh auf und sei frei".

Die Verborgenen Pforten zum Yoga

viniyoga

III, 1
deśa-bandhaś cittasya dhāraṇā

Das Festbinden des Geistes an eine Stelle (ist) Konzentration.

Das Festhalten des Bewusstseins in der Leere des Raumes ist Konzentration.

Dhāraṇā (is) confining of *citta* on a spot within a limited (conceptual) sphere.

III, 2
tatra pratyaya-ekatānatā dhyānam

Das ununterbrochene Fließen einer einzigen Vorstellung dorthin (ist) Meditation.

Dort (in dieser Konzentration) ist das Einstimmen in einen einzigen Erfahrungsakt Meditation.

There (on that spot), therein (in the process of *dhāraṇā*), (to have) a continuous attachment on the experience of one (single subject) (is) *dhyāna*.

III, 3
tad eva artha-mātra-nirbhāsaṃ svarūpa-śūnyam iva samādhiḥ

So dort nur noch das (Meditations)objekt allein leuchtet, gleichsam leer von der eigenen Form, (ist dies die) Versenkung.

Nur die Meditation, die den Gegenstand allein zum Leuchten bringt und wobei man sozusagen der eigenen Identität entblößt ist, ist Versenkung.

That *(dhyāna)* itself (is transformed into) *samādhi* (when the subject) is devoid of its original form (and yet) is clearly perceived (experienced) in its mere essence.

III, 4
trayam ekatra saṃyamaḥ

Die drei in einem (nennt man) *Saṃyama.*

Diese drei *(dhāraṇā, dhyāṇa, samādhi)* werden zusammen als "Sammlung" *(saṃyama)* bezeichnet.

The three (i.e. *dhāraṇā, dhyāna and samādhi)* at one spot (i.e. on one subject) together (become) *saṃyama.*

III, 5
taj-jayāt prajñā-ālokaḥ

Aus der Beherrschung dieses (Saṃyama entsteht) die Weisheitsschau.

Deren Meisterung führt zur Weisheitsschau.

Through the mastery of that *(saṃyama)* flashes forth the light of *prajñā* (i.e. *ṛtaṃbharā prajñā,* the special intuitionlike power produced in *sabīja samādhi.*)

III, 6
tasya bhūmiṣu viniyogaḥ

Seine Anwendung (richtet sich) auf die Bereiche (der Konzentration).

Sie wird auf die verschiedenen Bereiche (der Meditation) angewendet.

Its (i.e. of the light of *prajñā*) application is to be made in the stages.

III, 7
trayam antar-aṅgaṃ pūrvebhyaḥ

Die drei (sind) gegenüber den vorhergehenden (fünf) das innere Glied (des Yoga).

Diese drei *(dhāraṇā, dhyāna, samādhi)* sind der innere Kern der früheren Aspekte des Yoga (d. h. *yama, niyama, āsana, prāṇāyāma und pratyāhāra*).

The triad *(dhāraṇā, dhyāna, samādhi)* is the core (esoteric part) of the preceding ones.

Wenn wir die Yoga-Sūtras wie eine Landschaft topographisch betrachten, nehmen wir markante Punkte als Erhebungen war. Bestimmte, bedeutsame Worte, treten hervor. Zuerst das erste Wort, das große Wort *atha*, das, stünde es allein, schon alles gesagt hätte. Dann sind da Dreh- und Angelpunkte, die ich hier nicht aufzählen will, obwohl es kaum mehr als zehn sind. Nur drei möchte ich noch nennen: *nirodha,* einen Zustand welcher als synonym zu "Yoga" gilt. Dann *saṃyama,* weil ohne *saṃyama* der Vorgang *viniyoga* nicht stattfinden kann. Und *viniyoga,* keine besonders große Höhe in unserem Gelände, aber als Begriff zur Zeit stark im Umlauf.

Das Wort ist griffig und zunächst sieht es auch so aus, als wäre *viniyoga*, von dem gesagt wird, seine Techniken seien "anwendbar" und "anpassbar", ein ganz vernünftiger Weg, speziell, den Yoga zu beginnen. Das gilt vor allem im Vergleich zu den anderen "Pforten zum Yoga", die wir gerade vorzustellen begonnen haben, und besonders, wenn Vyāsa sagt: "Der Yoga wird durch den Yoga erkannt ..."
Hier treffen Gegenströmungen aufeinander, *viniyoga* kommt dem Übenden entgegen, Vyāsa scheint unzumutbar zu sein.

Damit *viniyoga* in der Yogalandschaft der Sūtras des Patañjali an seinem rechten Ort erkannt werden und dort seine wichtige Rolle spielen kann, habe ich oben die zugehörigen Sūtras mit verschiedenen Übersetzungen in ihrer Reihenfolge dargestellt. Die jeweils erste Zeile der Übersetzung stammt von Helmuth Maldoner (YOGA SUTRA, Raja Verlag), die zweite Zeile von P.Y. Deshpande / Bettina Bäumer (Otto Wilhelm Barth Verlag) und die letzte Zeile von Dr. P.V. Karambelkar (KAIVALYADHAMA Lonavla-India).

Yoga-Schule Stuttgart

Die Verborgenen Pforten zum Yoga

Immer der Nase nach.
Das klingt zwar salopp, stimmt aber.

Olfaktorius, der Riechnerv, spielt eine gewichtige Rolle in unserer gesamten Entwicklung. Der Geruchssinn ist wohl von Geburt an aktiv und die Riechschwelle ziemlich niedrig. Das Neugeborene "riecht" die Mutter viel eher als es sie sieht.

In der weiteren Entwicklung bleibt unsere Wahrnehmung intensiv mit Gerüchen verbunden, allerdings ohne vergleichbaren Niederschlag im Bewusstsein, wie er von anderen Sinneswahrnehmungen ausgelöst wird. Wir lernen das, was wir hören und sehen. Daraufhin werden wir geprüft. Menge und Qualität des Gehörten und Gesehenen bestimmt offiziell unsere Lebenserfahrung sowie die damit verbundenen, bzw. zugemessenen, Fähigkeiten zur Bewältigung unserer Aufgaben. Sinneswahrnehmungen im Bereich der Gefühle bleiben dabei weitgehend und im Raum der Gerüche und des Schmeckens ganz unbeachtet.

Viele Erscheinungen der unliebsamen Art - ein Beispiel, das Rauchen - lassen sich so erklären und ließen sich von dort her auch beheben.

Im heilkundlichen Bereich wird häufig das Wort "ganzheitlich" gebraucht, allerdings ohne einleuchtende Erklärung, was damit gemeint ist. Tröstlich wirkt dann, dass die Praxis dieses Anspruchs besser aussieht als ihr konzeptioneller Hintergrund. Nur schade, wenn die Praktiker sich dann auch nicht rechtfertgen und zu erklären wissen, aus welchem Grund sie duftende Bäder, Myrrhe und Weihrauch (Räucherstäbchen) anwenden und, nicht inhaltlich, aber klanglich bedeutsame Worte (Mantrams) sagen.

Der Yoga geht ganz andere Wege. Eine Putzkolonne kann nur den Schmutz beseitigen, den sie kennt. Ein Übender kann *sauca*, Reinigung, nur dort zulassen, wo er Ablagerungen, Verkrustungen, veraltete Denkformen und ihre Auswirkungen - seltener - sieht oder von ihnen hört - häufiger - riecht und schmeckt und ihre Wirkungen fühlt.

Auf eine oder einige der dafür vorgesehenen Sinneswahrnehmungen zu verzichten ist fahrlässig. Dass ihr Hervortreten aus der Verbannung in das Unbewusste oder in die schlichte Nichtbeachtung Erstaunen und Unpässlichkeiten - manche sagen, Reaktivierung unterdrückter Krankheiten - hervorruft, erfordert die Gegenwart des kundigen Lehrers und Therapeuten.

Die Nase ist nicht nur Riech-, sondern - noch viel mehr - Atemorgan. Ihre Beachtung, Pflege und Reinigung steht bei manchen Yogapraktiken an erster Stelle. Aber auch auf dem klassischen Weg der Yogasūtras spielen Atem *(prāṇa)* und Reinigung *(sauca)* als heilkundliche Maßnahmen eine verbindende und weiterführende Rolle. Ohne *prāṇa* (Atem, Lebenskraft, Energie, die im Atem am deutlichsten in Erscheinung tritt) kein *prāṇāyāma* und ohne dieses kein Weiterkommen auf dem Bewusstseins- und Heilungsweg der Yogis.

Als Ein- und Austrittspforte von *prāṇa* hat die Nase eine entscheidende Aufgabe.
Wer keine angenehmen Düfte kennt, kann nicht richtig atmen, und wer
den unliebsamen ausweicht, kann sie weder kennen noch beseitigen.

bāhya-abhyantara-stambha-vṛttir deśa-kāla-saṃkhyābhiḥ
paridṛṣṭo dīrgha-sūkṣmaḥ //
Die Atemregelung besteht aus den Vorgängen des
Ausatmens, Einatmens und Anhaltens, und ist lang
oder subtil, wenn Ort, Dauer und Zählung
beachtet werden. Yoga-Sūtra II,50

Yoga-Schule Stuttgart

Die Verborgenen Pforten zum Yoga

Wer bin ich?

Zunächst einmal locker:

* Der Yoga schwächt die *kleśas.*

* Die *kleśas* sind Trübungen.

* Eine der Trübungen ist das
Ich- bzw. Selbstbewusstsein.

Und jetzt die Sūtras:

tapaḥ-svādhyāya-īśvarapraṇidhānāni kriyā-yogaḥ //
Askese, eigenes Studium und Hingabe an den Herrn
bilden den Yoga der heiligen Handlungen. Yoga Sūtra II,1

samādhi-bhāvanā-arthaḥ kleśa-tanūkaraṇa-arthaś ca //
Er hat zum Ziel das Schwächen der kleśas und
das Herbeiführen des samādhi. Yoga Sūtra II,2

avidyā-asmitā-rāga-dveṣa-abhiniveśāḥ kleśaḥ //
Nichtwissen, Ich-Bewusstsein, Zuneigung, Abneigung und
der Drang zum Leben sind die *kleśas.* Yoga-Sūtra II,3

Schwächt der Yoga also das Selbstbewusstsein?
Die Frage öffnet eine Tür, durch die wir zweimal gehen müssen.
Das erste Mal in der Absicht, das Selbstbewusstsein zu stärken.
Das zweite Mal, um es - in Ergebenheit - zu überschreiten.
Das zweite Mal setzt das erste Mal voraus.

Die Übung:
"Ich beherrsche alle Kräfte im Körper und in der Seele."

An manchen Tagen ist die Wirkung der Worte deutlich zu spüren.
Das ist der erste Gang durch die Tür.

Die gleiche Formel auch an den Tagen gesprochen, die dafür gar nicht geeignet zu sein scheinen, ist der zweite Schritt durch die gleiche Tür und löst die Frage aus "Wer bin ich".
Mehr als Disziplin ist für die Antwort und die Wirkung nicht nötig.

atha yoga-anuśāsanam //
Nun die Disziplin des Yoga Yoga-Sūtra I,1

Die Verborgenen Pforten zum Yoga

Yoga, schrittweise
yoga-aṅga-anuṣṭhānād

Wenn Sie abgelegen wohnen, es muss nicht gerade
in den Himalayas sein, können Sie vielleicht
im Zustand von *dhyānaja-citta* verweilen.
Wenn Sie gewohnt sind, in Siebenmeilenstiefeln
zu gehen, könnten Sie durchaus versucht sein,
diese auch im Yoga anzuziehen.

Sehr erfolgreich werden Sie aber mit solchen Methoden nicht sein. Vielmehr geht es im Yoga um behutsame, gestufte, gegliederte Übergänge.
Gewachsene, allgemein gültige Formen unserer westlichen Kultur sind dabei unverzichtbar; sie tragen alle Ansätze für Schritte zur Selbstbesinnung *(dhyānaja-citta)* in sich.
Unterhalb von *dhyānaja-citta* muss der den Yoga praktizierende Mensch, selbst wenn es ihm Mühe macht, ein alltägliches Wesen zeigen können. Je sicherer er seiner wahren Natur nahe ist, desto leichter wird ihm auch die Alltäglichkeit fallen: Er hat sich längst entschieden und lebt in zwei Welten. In Welten, die nicht gleichberechtigt neben-, sondern natürlicherweise über- bzw. untereinander geordnet sind. Er kennt außer der horizontal-soziologischen auch die hierarchisch-vertikale Schichtung seiner Natur. Er hat die Struktur seines gegliederten Wesens durch die schrittweise einsetzende Wirkung von *viveka-khyāti*, dem unterscheidenden Bewusstsein, erkannt.

yoga-aṅga-anuṣṭhānād aśuddhi-kṣaye
jñāna-dīptir ā viveka-khyāteḥ //
Durch tägliche, nach und nach voranschreitende Einführung in
die Glieder des Yoga-Systems, mit einhergehender Verminderung
und folgendem Verschwinden der Unreinheiten, entsteht die
Erleuchtung des Wissens und entwickelt sich hinauf zum Zustand
der Schau der Unterscheidung. Yoga-Sūtra II,28

Durch *anuṣṭhāna* - sukzessiv, Schritt für Schritt, täglich, nach und nach - entwickelt sich *viveka-khyāti*, die Schau des unterscheidenden Bewusstseins: Das Bewusstsein und die Effizienz des Übenden in beiden Welten.
Aber, die Einstandsleistung für den Yoga steht nirgendwo an zweiter Stelle.

- Der Aufwand für den Beginn im Yoga kann für einen Dreisternekoch nicht geringer sein als jener, der ihm die drei Sterne eingebracht hat.
- Der Einsatz eines Mathematikprofessors für den Yoga wird die Kraft überschreiten müssen, die ihn zum Mathematikprofessor gemacht hat.
- Ein Rosenzüchter muss seine Erwartungen im Yoga über die an seine neue Züchtung stellen.
- Mehr Entschlossenheit, als er/sie gebraucht hat Weltmeister zu werden, wird er/sie einsetzen müssen, den Yogaweg zu gehen.

Die im Yoga erforderliche Kraft und Entschiedenheit richtet sich individuell nach dem in anderen Bereichen erbrachten Aufwand und überschreitet diesen. Der Entwicklung im Yoga schließen sich die Erfolge im gesundheitlichen und sozialen Bereich mühelos an, nicht umgekehrt.

Der Eintritt in den Yoga ist für jeden und in jeder Lebenslage deshalb möglich, weil wir "halbe Schritte" gehen. Wenn im Übungskreis von *aṣṭāṅga-yoga,* des achtgliedrigen Weges, eine Körperhaltung *(āsana)* zugleich imaginativ und physisch eingenommen wird, ist ein halber Schritt in die nächste Stufe, *prāṇāyāma,* schon getan und ergänzt sich durch Verweilen im Übungskreis von selbst zum vollen Schritt. Durch Verweilen auf diesem Weg entsteht ohne weiteres Zutun der Zustand *dhyānaja-citta.*

Das Wort *dhyānaja-citt*a besteht aus den drei Teilen *dhyāna ja citta* (*dhyāna* Meditation, *ja* Leben, Geburt, *citta* "denkendes" Gemüt) und bedeutet, sich auf die wahre Identität des "denkenden" Gemüts zu besinnen. Sich zu besinnen:

* kein denkendes, sondern ein - vom Herrn - gedachtes Wesen zu sein.
Svami Vairagyānanda sagt: "Der Mensch ist kein denkendes Wesen. Gedanken verdanken ihre Entstehung nicht uns. Der Mensch erzeugt keine Gedanken."
Dem gedachten - vom Herrn erschaffenen - Wesen zugewiesene Fähigkeiten sind unter anderem diese:

* analog "denken" zu können.
Svami Vivekānanda sagt: "Die Differentiae sind im Gedächtnis, und man erhält sie durch Vergleich mit den Inhalten des Gedächtnisses. Unterschiedenheit liegt nicht in der Natur einer Sache, sondern in unserem Denken. Gleichheit ist außen. Differentiae sind innen (in unserem Verstand); ebenso ist der Begriff "viele" ein Werk unseres Geistes."

* klassisch wissenschaftlich aufwärts und abwärts "denken" zu können; im Abstrakten das Konkrete und im Konkreten das Prinzip erkennen zu können. Das Haus aus Holz und Steinen gibt nur dann Schutz und Geborgenheit wenn das Haus im Herrn erkannt wird.

Alltagsbewusstsein und Meditation, Geschäftigkeit und Alleinsein, weite, schnelle Schritte und Verweilen - sowie Zulassenkönnen sind Merkmale der vedischen Lehre in unserer Zeit. Ihre praktische Umsetzung hieß und heißt Yoga.

Yoga-Schule Stuttgart

Die Verborgenen Pforten zum Yoga

Absent Treatment

Fernbehandlung (Absent Treatment) ist in Deutschland verboten.
Jetzt sucht das Universitätsklinikum Freiburg Teilnehmer für eine
EU-Forschungsstudie zur Erkundung der Wirksamkeit von Fernheilungen.
In einem Bericht der Stuttgarter Nachrichten vom 31.7.2002
heißt es dazu "...es gibt Studien aus anderen Ländern, die
eine Wirksamkeit belegen..."

Hier tauchen Probleme auf. Nicht so sehr wegen der Wirksamkeit der Methode, sondern in Bezug auf ihre Lehr- und Lernbarkeit. Ein Nicht-Schlafwandler kann nicht das Schlafwandeln beschreiben. Ein Nicht-Heiler kann nicht das Heilen erklären oder gar ein Nicht-Fernheiler das Fernheilen erforschen und erklären. Das kann nur ein Schlafwandler, ein Heiler und ein Fernheiler. Nur, ihnen steht das für die Erklärungen nötige Vokabular nicht zur Verfügung, denn das gibt es - noch - nicht. In all den Fällen, wo etwas bisher Unerklärtes mit den Mitteln der vorhandenen Erklärungsmethoden dargestellt wird, reduziert sich das Ergebnis auf die im angewandten Sprachschatz vorhandene Logik. Aber gerade diese Logik hat der Schlafwandler überschritten, ebenso wie der Heiler, der Fernheiler und sicher einige andere mehr.

Wissen nennen wir den kleinen Teil der Unwissenheit,
den wir geordnet haben.
Ambrose Bierce (1842-1914), amerikanischer Schriftsteller

Um Licht in unbekannte Bereiche zu bringen bedarf es des Zusammentreffens zweier Komponenten: Zuerst - der Exposition des Forschers in eben diese unbekannten Bereiche und - nachher - seiner Fähigkeit, seiner Erfahrung eine annehmbare Darstellung zu geben. Das Problem liegt darin, dass sich die Darstellung neuer, aber annehmbarer Mittel bedienen muss. In den meisten Fällen transportieren die neuen Mittel gar keine neuen Inhalte, sondern verlangen einen anderen Stil der Präsentation.

Kaum ein Wort der Yogalehre ist für westliche Ohren
wirklich neu, aber der Stil der Weitergabe ist total anders.
Das Wort *upanishad* meint: "Zu Füßen des Lehrers sitzend", was
nur der versteht, der zu Füßen des Lehrers sitzt.

Wie kann ein Behandler hier zu Lande zu Erfahrungen mit der (verbotenen) Fernbehandlung gekommen sein? Dass es gelang, ist ein Beweis für das oben Gesagte, dafür, dass sich Begriffe verschiedener Ebenen nicht miteinander decken. Oder: Dass Fernbehandler unter Fernbehandlung etwas anderes verstehen als diejenigen, die keine Fernbehandler sind.

Das Verständnis für die so genannte Fernbehandlung setzt nur für jene die Vorstellung einer größeren räumlichen Distanz voraus, die mit dem Geschehen nicht vertraut sind. Distanz, Entfernung im Sinne der Fernbehandlung, ergibt sich nicht aus Einheiten, die mit dem Metermaß ermittelt werden. Der Planet Mars ist körperlich gesehen sehr weit entfernt, vorstellungsmäßig aber ganz nah. Der Patient kann am gleichen Tisch sitzen oder sich in einem anderen Land befinden, die Entfernung ist allein eine Frage der Vorstellung.
Damit ist ein Begriff eingeführt, der als Schlüssel für das ganze Thema dienen kann: Heilkundige arbeiten mehr mit den realen Tatsachen der Vorstellungen als mit denen der so genannten realistischen Welt. Wer sich mit der Fernheilung beschäftigen möchte, ist gut beraten mit dem Thema "Vorstellung" bzw. "Imagination" zu beginnen. Ein hilfreicher Ansatz wäre die Lektüre von "Imagery in Healing" von Jeanne Achterberg (New Science Library, Boston and London).
Den Forschern in Freiburg möchten wir auf diesem wichtigen Gebiet viel Erfolg wünschen. Fortschritt und Ausleuchten der Grauzonen tut Not auf allen Gebieten der Heilkunde.

PS: In den sechziger Jahren hatte ich mit fast schlafwandlerischer Sicherheit ein US College gefunden, unter dessen Fittichen ich *Absent Treatment* lernen konnte.

Die Verborgenen Pforten zum Yoga

āśrama
oder
Jedem Anfang wohnt ein Zauber inne

brahmacarya
gṛhastha
vānaprastha
saṃnyāsa

Des Menschen spirituelle (und materielle)
Existenz gründet in den vier Aufenthaltsorten
und Lebensstadien der Veden als Schüler,
Haushälter, Waldeinsiedler und Wandermönch.
In jedem einzelnen der vier *āśramas* ganz neu
und (fast) ganz von vorn.

Im derzeit praktizierten Yoga wird das Wort *śrama* überhaupt nicht und āśrama, der es notwendig ergänzende Begriff, kaum gebraucht. Handelt es sich dabei um einen Mangel? Mit Sicherheit. Bevor wir unser Vertrauen allein auf die westliche Terminologie und ihre Fließrichtung stützen, sollten wir nach Entsprechungen im Yogabereich Ausschau halten. Wir kennen doch die Macht der gedachten und gesprochenen Worte und haben das Gesetz *nāma-rūpa* gelernt: Der Name schafft die Gestalt. Segen, Glück und Freude haben ihren Ursprung im Wort, aber auch Mangel, Not und Krankheit werden herbeigeredet. Westliche Auffassung stellt den Fluss des Denkens gerade umgekehrt dar: Es gäbe zuerst eine Erscheinung, diese bekommt einen Namen.

Der zweite Unterschied des yogischen zum herkömmlichen Denken besteht darin, dass im Yoga jedes Wort, jeder Begriff auf der linearen Ebene nur im Verhältnis zu seinem Gegenstück oder seiner Ergänzung existiert (und keine eigenwillige, "ich"-veranstaltete Eskalation ausführen kann). Wo *rāga* (Zuneigung) ist, ist auch *dveṣa* (Abneigung), ohne *kliṣṭa* (leidvolle "Zustände") kein *akliṣṭa* (leidlose "Zustände"), und *śrama* wird ergänzt durch *āśrama.* Sicher, auch wir im Westen sagen, ohne "hoch" gibt es kein "tief", nur erlauben wir beiden Formen eigenständige Erweiterung, so als könnten wir noch höher steigen (denken) oder tiefer sinken (denken) - ohne zwischendurch geprüft zu haben, wer "wir" überhaupt sind.

Der Begriff *śrama* bezeichnet Mühe, Plage, Last, auch Krankheit, als Zustände, die durch Vernachlässigung übergeordneter Aufgaben entstanden sind, und gesellt ihnen unmittelbar *āśrama*, den Zustand und Ort der Geborgenheit hinzu.

Merkmal des Eintritts in einen neuen *āśrama* ist der Neubeginn. Im neuen Lebenszeitalter eines Menschen - oder einer Gesellschaft - zählen nicht die Versuche der Reformierung, der Korrektur oder Reparatur des alten. Bei solchen Versuchen kommt keine Freude auf, erst recht wird kein Zauber sichtbar. Wenn es dafür eines Beweises bedarf, brauchen wir uns nur - im Verhältnis zu aktuellen Bemühungen, besonders in der Politik - an die Zeit nach dem Krieg erinnern. Kein Mensch wollte damals das vergangene Regime, seine Systeme und Methoden reparieren oder reformieren, man setzte auf den Neubeginn: der Zauber des Wirtschaftswunders begann.

Besonders deutlich wird der neue Anfang bei der Yoga-Therapie. Diese Therapieform ist nicht so sehr an der Erhebung der bestehenden Beschwerden interessiert (jedoch ohne sie unbeachtet zu lassen), wie daran, neue Impulse zu setzen, oft und mit Absicht in Bereichen, die von den Beschwerden gar nicht betroffen sind.

Das drastischste Erlebnis des neuen *āśrams* jedoch findet zwischen dem Übenden bzw. Patienten und dem Therapeuten statt. Wenn der Therapeut den Blick in die Vergangenheit sanft schließt und dafür die seither unbeachtet gebliebenen Chancen des neuen Lebensabschnitts beleuchtet, bricht fast ein innerer Jubel aus. Wenn sich der träge gewordene Blick vom Vergangenen löst und die Perspektiven eines neuen Lebens sieht, fühlt sich der Mensch, auch im Alter, wie neu geboren. Man kann in jedem neuen Abschnitt neu jung und frisch sein, aber nicht mit der Erwartungshaltung vergangener Tage.

Trotzdem kann kein Übender einfach in einen "Aschram", wie ein Ort für gemeinsames Leben oft bezeichnet wird, gehen und in seinen aktuellen *āśrama* hinein genesen. Mehr als einen Ort bezeichnet das Wort einen Zustand der Entwicklung. Genesung beginnt im *āśrama* mit der Freude am neuen Anfang, oder wie es Hermann Hesse in seinen Lebensstufen viel besser sagt, mit dem Zauber, der dem Anfang innewohnt.

Vielleicht ist jemand sechzig Jahre alt, hat aber *brahmacarya* noch gar nicht praktiziert. Er oder sie wird sicher nicht lange Schüler bleiben, in dieser Zeit aber redlich und ohne eigenwillige Fließbewegung verweilen müssen. Bestimmt kann man mit Blick auf *āśrama* nicht sagen, ich bin sechzig Jahre alt, also gehöre ich (in Form der hiesigen Entsprechung) der Gruppe der Waldeinsiedler an.

Der stärkste Schritt in die Geborgenheit das *āśrama* setzt noch nicht einmal einen Ortswechsel voraus, viel wichtiger ist die Einwilligung in die andere Weltbetrachtung und vor allem in ihre Terminologie. Für ältere Menschen (oder Systeme) ist dieser Schritt allerdings ausgestattet mit dem Bonus der in den gezählten Lebensjahren erworbenen Fähigkeit, zwischen den beiden Weltbildern "herkömmlich" und "yogisch" unterscheiden und mit beiden leben zu können.

Die Verborgenen Pforten zum Yoga

yogaś citta-vṛtti-nirodhaḥ // Yoga Sūtra I,2

Das Wort *nirodha*

Wie viele andere im Yogabereich vorkommenden Worte - auch das Wort Yoga selbst - hat das Wort *nirodha* in anderen Zusammenhängen andere Bedeutungen. Beschränkung, Unterdrückung, Stilllegung, Vernichtung, Aufhebung sind Beispiele, manche von ihnen erscheinen sogar als Übersetzungsversuch im direkten Zusammenhang mit dem Sūtra.

Sich über die Bedeutung von *nirodha* im Klaren zu sein, ist besonders wichtig. Denn man kann durchaus sagen, wer dieses Wort - in seiner Position im zweiten Sūtra der Yoga-Sūtras des Patañjali - kennt, kennt den ganzen Yoga. Das Wort *nirodha* steht sowohl synonym wie auch begrifflich erweiternd neben dem Wort Yoga.

Sūtra I,2 lautet "*yogaś citta-vṛtti-nirodhaḥ*" und ist eigentlich alles, was den ganzen Yoga - als Heilslehre verstanden - ausmacht. Alles andere, in der Vielzahl der Lehren, der unendlichen Vielfalt des Lebens, auch in den Sūtras selbst, ist Erklärung, Erläuterung - Hilfe, diesen einen Satz zu akzeptieren. Kein anderer Satz erreicht die Tiefe und Dichte dieser vier Worte.

Eine mögliche Übersetzung steht in dem Buch von P.Y. Deshpande "Die Wurzeln des Yoga", Otto-Wilhelm-Barth-Verlag: "*nirodhah* bedeutet ... das Verlangsamen der wählenden Bewegung des Denkens *(citta-vṛtti)* und ihr allmähliches Zur-Ruhe-Kommen, was von selbst geschieht".

Es liegt im Sinn des Themas selbst, dass darüber noch niemals sinnvoll nachgedacht worden ist / werden konnte. Der Praxis des Übenden bleibt es vorbehalten, die Elemente "Verlangsamen", "wählende Bewegung", "zur Ruhe kommen" und "was von selbst geschieht" miteinander verbunden zu sehen.

Vielleicht noch besser ist das von Helmuth Maldoner in YOGA SUTRA (Raja Verlag) beschriebene Vorgehen. Er zitiert zur Erläuterung Sri Ramana Maharshi, der die vier Worte "die einfache Wahrheit in all ihrer Nacktheit" nennt, und fügt hinzu "Der Sanskritbegriff verdient aufgrund seiner Genauigkeit den Vorzug".

Der Vorzug bei Sri Ramana und Helmuth Maldoner ist offenkundig: Sie lassen dem Leser keinen Spielraum zur Frage, um welche Wahrheit es sich handelt, wenn es um die Wahrheit geht.

Die Verborgenen Pforten zum Yoga

SO´HAM
Wenn ein Wunder geschehen soll

Damit wir uns richtig verstehen:
ich bin nicht für Wunder,
ich bin für Yoga.
Aber ich habe gehört, manche
wünschen sich ein Wunder.
Sie meinen ein persönliches Wunder,
mehr als all die Wunder dieser Welt.

Nun nüchtern gesprochen: Es gibt nichts, außer dem Wunderbaren, außer den für uns gar nicht fassbaren, wunderbaren Erscheinungen dieser Welt. An ihnen teilzunehmen sind wir unwiderruflich eingeladen durch die Tatsache unseres Daseins. Und mein, unser Yoga ist nicht mehr als die Erinnerung an die Einladung. Eine Einladung, die natürlich am willkommensten ist, wenn wir sie fast vergessen haben, wenn es knirscht im Getriebe, wenn wir in einer Flaute hängen.

Dieser, unser Yoga lädt uns aufs Neue ein, von unserem Geburtsrecht Gebrauch zu machen. Er zeigt mit dem Finger auf die Wunder: Schau, sie sind schon da, du siehst sie nur nicht. Und weil wir sie nicht sehen, wollen wir, dass sie jetzt geschehen sollen.

Das erste Wunder ist der Atem. Er ist es dann, wenn er sich dem Menschen in seiner dem Menschen vorbehaltenen Weise zeigt, in der Sprache. Des Atems erster Ausdruck ist, ebenfalls unwiderruflich, der Klang *SO´HAM*. Wieso? Weil sich der Atem selbst so nennt.

Wir sind nicht aufmerksam genug, den Klang zu spüren, den Namen zu hören. Vorhanden ist er aber immer. Svami Muktananda sagt: "... gleich von Geburt an beginnt es *(SO´HAM)* mit der Atmung in jedem Menschen zu schwingen".

Die Übung *SO´HAM* kann deshalb nur darin bestehen, die Aufmerksamkeit zu erhöhen. Dass dieser Vorgang bestimmte, andere Maßnahmen erfordert, darf nicht von der Schlichtheit der Übung selbst ablenken.

Wer will, kann sie sofort beginnen: Ein Stuhl an einem stillen Platz und zwanzig Minuten Zeit genügen, der Wunder ansichtig zu werden - nicht der gewünschten, der vorhandenen. Es mag sein, dass es eine Weile dauert, bis ein "Erfolg" eintritt. Der erfahrene Lehrer wacht über das rechte Maß.

Der Lehrer ist es es auch, der uns dann das Wort "Ansteckung" neu vermittelt, der uns sagt, dass sich Wunder wie Lawinen in Szene setzen - solange wir still und aufmerksam sind.

Das erste und das größte Wunder ist der Atem in seiner Eigenschaft als Heiler, er ist fast unbeeindruckt von unseren persönlichen Wunderwünschen, unserem speziellen Wollen.
Den Atem so, "fast unbeeindruckt" zu lassen, ist die große Aufgabe in unserem Yoga. Unser Werkzeug dafür hat einen Namen: *SO´HAM.*

Das heißt: *SO*->*sah*->*sa*->ER */´HAM*->*aham*->ich.

Yoga-Schule Stuttgart

Die Verborgenen Pforten zum Yoga

āśā saṃkalpa tapas kṣudhā artha

"Mama, ich habe Kuchenhunger", sagt Carolin (acht Jahre alt).

"Orte wie Kaunas sind jung und hungrig und Donatus und Wladimir nur zwei von ihnen", stellt Wolfgang Büscher den Ort und zwei seiner Bewohner vor (aus seinem Bericht von einer Fahrt durch das neue EU-Land Litauen. In der "Welt" vom 3. Mai 2004).

Vom "Bildungshunger" haben bestimmt auch jene schon gehört, die nicht darunter leiden.

Hunger ist eine steigerungsbereite Grundfunktion der Kreatur. Beim Menschen, außer im direkten, auch im übertragenen Sinn. Hunger - beide Formen - allein gelassen, kann zerstörerisch sein, aber sein Fehlen ebenso. Es wäre seltsam, wenn es im Yoga für diese Kraft keine kultivierende Ordnung gäbe.

āśā
"Gesunder Hunger" beginnt mit dem Wunsch *(āśā)* zu essen oder/und zu wissen.

saṃkalpa
Der Wunsch verdichtet sich zum Entschluß *(saṃkalpa).*

tapas
Durch Übung (*tapas* ist ein anderes Wort für Yoga) bekommt der Entschluss Kraft und Dynamik.

kṣudhā
Hunger *(kṣudhā)* ist deutlich geworden und hat seinen Namen bekommen. Im Prozess seiner Entwicklung findet er den Ausgleich durch Sättigung.

artha
Dieser Wohlstand *(artha)* hat sein eigenes Recht.

Ob der Mensch seinen Hunger bewusst eher steigern oder drosseln sollte, hängt von der jeweiligen Situation ab. Alle Wesen haben einen eingebauten Sinn für die Steuerung ihrer wenigen Basisfunktionen. Zuneigung und Abneigung, Ernährung, Wachen und Schlafen, Fortpflanzung folgen einfachen rhythmisch-zyklischen Gesetzen, die ihre Auswirkung bis hin zur Erhaltung oder dem Untergang der Art haben. Auch bei der Art Mensch ist das nicht anders, selbst dann nicht, wenn sein Bewusstseinstyp einen gewissen Einfluss auf den Steuerungsspielraum zu nehmen versucht.

Was sich der Mensch, im Gegensatz zum Rest der Schöpfung, selbst zu verordnen vermag, ist ein Einziges: die Pause. Genauer, die Dauer der Pause. Zwischen dem Kommen und Gehen des Atems liegen Pausen. Schöpferische Pausen, in denen nicht das Ich, sondern der innere Meister Regie führt. Genau hier ist der Moment der Steuerung, der Einfluss auf den Steuerungsspielraum gegeben, hier kann gesteigert oder gedrosselt werden. Dass an dieser Stelle ein ichhaft gestärkter Wille nichts nützt, sondern der schlichte Wunsch, āśā, gegenüber dem inneren Genius die weiterführende Macht besitzt, ist Sache der yogischen Erfahrung.

Nicht nur yogische, auch allgemeine Erfahrung ist es, dass wir manchmal, oder oft, von vorn anfangen müssen. Der Rest des Weges, vom Wunsch - nach Kuchen oder Arbeit oder Wissen - zum gesunden Hunger darauf, ist - ebenfalls nach yogischer Erfahrung - verhältnismäßig einfach. Und *artha*, Wohlstand, vor allem im erweiterten Sinn, der durch rechtschaffenes Handeln erworben wurde, ist die Folge.

Die Verborgenen Pforten zum Yoga

Ich habe Kopfschmerzen
und erwarte ein Wunder

Man folgt ausgetretenen Pfaden, wenn man sagt: "Wer nicht an Wunder glaubt, ist kein Realist". Nur, eigentlich wäre diese Rede, jedenfalls nach der Lehre der Yogis, überhaupt unnötig. Es wäre umgekehrt wirklichkeitsnäher zu sagen: Was geschieht denn ohne ein "Wunder"? Wir haben uns ein Vokabular zurechtgelegt, das so tut, als könne alles erklärbar und verstehbar gemacht werden, wenn auch noch nicht jetzt, aber doch dann, "wenn die Forschung weiter fortgeschritten ist". Und vorgibt, letzten Endes gibt es gar keine Geheimnisse und keine Wunder mehr.

Vielleicht sind da Bereiche, in der Wirtschaft und in der Technik, wo solche Erwartungen ein gewisses Recht haben; zutreffend einfach deshalb sind, weil man dort die Ziele des Fortschritts selbst bestimmt, diesen vereinfachenden Umstand aber fast vergessen hat.

Ganz anders sieht es aus, wenn wir uns näher stehende Gebiete betrachten, deren Umfang und Größe man zwar auch zu beschreiben versucht, dabei aber bald an Grenzen stößt. Wenn es sich nämlich um unser Wohlbefinden handelt, lassen wir uns von niemand sagen, wie dieses auszusehen hat. Die von den Fachleuten gesetzten Normen - inwieweit zum Beispiel unser Anspruch auf Heilung berechtigt ist - lehnen erwachsene Menschen im Grunde ab. Auch wenn es der sogenannten Vernunft widerspricht, erwarten wir Wunder. Denn wir haben wahrscheinlich niemals ganz verstanden, warum "es zuheilt", wenn wir uns in den Finger geschnitten haben - und es hat uns das auch noch niemand mit jener Kompetenz zu erklären versucht, bei der das Wissen um den Vorgang mit der Wirkung gleichzusetzen wäre. Anders als in anderen Bereichen der Wissenschaft, wo Berechnungen mit fast einhundertprozentiger Sicherheit angestellt werden können, bleibt in der Heilkunde stets ein großer Spielraum der Ungewissheit - und der Wunder.

Bestritten wird diese Tatsache zwar von niemand, aber Regeln dafür hat auch noch niemand entwickelt. Hier öffnet sich für die Yogapraxis ein weites Feld der Tätigkeit. So wie wir als Yogapraktiker den Methoden der westlichen Schulen Achtung und Respekt zollen, so fordern wir das Gleiche für unsere Art der Betrachtung und Arbeit. Schließlich beruht der Yoga auf einer der ältesten und erfahrensten Wissenschaften, die bekannt sind (leider muss an dieser Stelle der Hinweis wiederholt werden, dass, erstens, was uns heute als Yoga begegnet, kaum etwas mit Yoga zu tun hat, und zweitens, dass der Yoga nicht mit Mitteln westlich fundierten Wissens zu verstehen oder zu praktizieren ist: "Der Yoga wird durch den Yoga erkannt".)

Vyāsas Kommentar zum Yogasūtra III,6:

Der Yoga wird durch den Yoga erkannt.
Der Yoga geht aus dem Yoga hervor.
Wer sich nicht verwirren lässt,
erfeut sich durch Yoga
lange am Yoga.

Wir kommen am ehesten zu einem für alle annehmbaren Bild, wenn wir die Aussage im Titel dieser Betrachtung: "Ich habe Kopfschmerzen" unter die Lupe nehmen. Da sind der Satzgegenstand "ich", das Objekt "Kopfschmerzen" und das Verb "habe". Ich brauche diese Gliederung, denn der nächste Schritt ist ungewöhnlich - und kaum im Erfahrungsbereich westlicher Heilkunde. Westliche Heilkunde beschäftigt sich mit dem Objekt Kopfschmerz, der Yoga hat mit dem Subjekt Ich zu tun.

Hier schaltet sich sofort westlicher Widerspruch ein und behauptet, als Thema der Psychologie, sehr wohl mit dem Ich, als möglicherweise disponiertem Träger der Schmerzen, zu tun zu haben. Das ist richtig, hat aber mit dem Vorgehen des Yogatherapeuten nichts zu tun. Dieser wird keine Analyse der Ichstruktur des Patienten vornehmen, er wird ihm vielmehr heißen, die *vicāra*-Frage zu stellen: Wer bin ich? Und er wird das in einer Art und Weise tun, die das gesamte Umfeld dieser Frage, als Basis für die Wirkung des Anweisung, kennt und einbezieht, wozu ein festes und tiefes Verwurzeltsein in der Lehre der Veden und des Yoga notwendig ist. Wissen und Wirken gehen dabei keine getrennten Wege.

"Glauben an Wunder", wie es oben heißt, ist keine sinnvolle Bezeichnung für den Vorgang. Besser ist die eigene Erfahrung des Prinzips Wunder, einmal im Blick auf das Wunder der Schöpfung und zum anderen als Erlebnis bisher unbekannter Wunder im eigenen Wesen. Gerade diese sind es, die uns "kränken", wenn sie unerkannt, ja sogar verbannt, darauf warten müssen, ans Tageslicht zu treten. Dass ihr gekränkt sein nicht ohne Folgen bleibt, erlebt der eine Mensch mehr im Kopf, der andere mehr im Bauch - wo auch immer. Die *vicāra*-Frage, nach den Regeln der Kunst gestellt, lässt die "Wunder" zu Tatsachen werden.

Diejenigen, die nach Wundern verlangen,
werden nicht gewahr,
dass sie damit der Natur eine Unterbrechung ihrer
Wunder abverlangen!
Antoine de Rivaro (1753-1801)

Yoga-Schule Stuttgart

Die Verborgenen Pforten zum Yoga

Lehrbücher

Entweder brauchen Sie Ihr Yogalehrbuch täglich oder Sie brauchen es gar nicht.

Wer lange genug den Yoga übt, wird es bestätigen. Es geschieht im Yoga nichts, was nicht auch sonst geschehen würde - mit einem einzigen Unterschied: im Yoga wird uns diese Tatsache bewusst.

Es wäre inkonsequent, wenn wir - um bewusster zu werden - darauf bestehen würden, Yoga-Literatur, speziell Yoga-Lehrbücher, zu brauchen. Schließlich sagen wir, der Vorgang, den wir Yoga nennen, ist zuerst eine innewohnende, angeborene Qualität des Menschen.

Dennoch gibt es zwei Gruppen von Yogapraktiken und Yoga-Schulen: Eine, die schon durch ihren Namen auf den innewohnenden Yoga hinweist. Sie nennt ihren Weg Sahaja-Yoga. Das Sanskritwort *sahaja* bedeutet eingeboren, innewohnend. Dort wird die spontane Erfahrbarkeit der Lehre betont.

Die meisten Schulen berufen sich jedoch, gemäß ihrer Lehrertradition, auf die Aussagen und Schriften ihrer Lehrer. In ihrem Unterricht spielt deshalb die Yoga-Erfahrung anderer die führende Rolle.

Der Idealfall - für westliche Verhältnisse - tritt ein, wenn Ausgewogenheit zwischen beiden Richtungen - der eigenen Erkenntnis und der übernommnen Erfahrung - angesteuert wird.

Unser Thema "Lehrbücher" beschäftigt sich mit der unterschiedlichen Rolle der Bücher bei beiden Methoden.

Zunächst, und unabhängig von der Methode, hat der Yogalehrer zwei markante Punkte im Blickfeld: das Ziel seines Unterrichts und die Ausgangsposition seines Schülers. Während das Ziel des Yoga ruhige und klare Formen hat, ist der Standort des Schülers unruhig und voller Zweifel.

Das Vorgehen des Lehrers besteht aus zwei Schritten: es sorgt erstens für stabilisierende Erlebnisse des Übenden und greift zweitens dessen Zweifel auf.

Das Auslösen freudiger und festigender Erlebnisse ist kein Problem, sogenannte positive Kräfte lassen sich leicht in Bewegung setzen. Der Umgang mit der Unruhe und den Zweifeln des Schülers ist schwieriger.

Natürlich weiß der Lehrer, dass Zweifel unvermeidlich sind und ihn und seine Schüler auf allen Wegen begleiten werden. Er hat jedoch große Mühe - nein, das ist die Essenz seines Unterrichts - seine Schüler in diese Einsicht einzubeziehen. Dabei kann er seine Erkenntnis nicht einfach auf die Schüler übertragen.

Der Lehrer weiß, dass es ohne die Zwei - das polare Prinzip - gar kein Weltenspiel geben würde, und er weiß, dass der Niederschlag dieses Prinzips im Bereich des Denkens eben der Zweifel ist. Von dieser Einsicht muss der Schüler hören, sie verstehen, darf aber nicht einfach ihre Übertragung auf sich, als Lösung seiner Probleme, begehren. Hier beginnt sein Üben.

In diesem Stadium der Entwicklung im Yoga fällt eine Entscheidung, auch mit Auswirkung auf die Wahl des Lehrbuchs. Wahrscheinlich werden Übende, die mehr zum Sahaja-Yoga neigen, mit der Lehre der Yoga-Sūtras umgehen und dort die Bestätigung und Benennung ihrer eigenen Erfahrungen finden, während die andere Gruppe, die einer Lehrertradition folgt, aus den Beispielen der Bhagavad-Gītā lernt.

Die Yoga-Sūtras bekräftigen, was schon erlebt wurde: aus dem Befolgen von *āsana* ergibt sich *prāṇāyāma*. Die Yoga-Sūtras sind nicht an Zeit oder Raum gebunden.

Die Bilder der Bhagavad-Gītā spielen zwar in Indien, stellen aber ganz allgemein gültige Szenarien dar, die wir leicht nachempfinden können.

Der Yogalehrer sorgt dafür, dass der Entschluss für den einen oder den anderen Weg nicht zu früh gefasst wird, und ebenso, dass immer der Ausblick auf den jeweils anderen Weg geöffnet bleibt.

Lehrbücher spielen eine wichtige Rolle, manche braucht man jeden Tag, andere holt man hervor, wenn Zweifel aufsteigen. Noch andere schreibt man selbst. Und die Veden - das wird einem bewusst - hatte man schon verfasst, noch bevor sie aufgeschrieben wurden.

Die Verborgenen Pforten zum Yoga

veda

Die Veden aus unserer Sicht

Es wäre irreführend, an dieser Stelle zu behaupten, dass wir uns mit den Veden beschäftigen, wenn damit notwendigerweise entweder ein priesterlicher oder ein akademischer Akt gemeint sein müsste. Wer diese Zugänge sucht, muss in einen indischen Tempel oder in eine Universität gehen. Nicht am falschen Platz sind hingegen jene, deren Interesse an den Veden aus der Art der Verbindung zwischen den heiligen Schriften der Inder und dem Yoga herrührt. Denn dass es solche Zusammenhänge gibt, über die sich zumindest Yogaübende bewusst sein müssen, liegt auf der Hand. Wir sprechen also von den Veden aus unserer Sicht als Yogaübende.

Die üblichen Übersetzungen des Sanskritwortes *veda* mit Begriffen wie "Wissen" oder "spirituelle Erkenntnis" führt allzu leicht zu Irrtümern, und zwar deshalb, weil mit diesen Worten unsere westliche Art zu wissen bezeichnet wird. Bei Wissen im westlichen Sinn handelt es sich nicht um den untrennbar mit Wirkung verbundenen Begriff *veda*, das Wissen und Wirken der Götter, das Wissen und Wirken des Selbstes.

Mit dem Wort *veda* wird nicht das Wissen beschrieben, welches man hat oder nicht hat, das man von anderen erfahren oder nicht erfahren hat. Mit den Texten des *veda* zelebrieren Übende in Ost und West Rituale und Techniken, um so zu ihrem eigenen inneren, noch unformulierten Wissen zu gelangen. Inneres Wissen, der Kern des *veda*, ist der stets sprudelnde Quell, aus dem andere Formen des Wissens, im Sinn von Kennen und Erkennen, entstehen. So ist zwar das Ritual des *veda* lernbar, verwandelt jedoch, im Lernvorgang, den Lernenden zum Lehrenden, zu einem, der sich in seiner eigenen schöpferischen, gestaltgebenden Mitte erkennt.

Der übende Umgang mit dem *veda* bewirkt Einsicht in den Unterschied zwischen erlernbarem Ritual und autonomer Kreativität. Um diese elementar notwendige Unterscheidung *(viveka)* zu erlangen, ist die Yogalehre mit ihrer Praxis und ihren Techniken entstanden.

Der Yoga der Yoga-Sūtras des Patañjali lehrt die Unterscheidung zwischen dem Weltbild der Zweiheit *(dvaita)* und dem anderen, der Einheit *(advaita).*

Yoga erlaubt Unterscheidung durch das Herabstufen des eigentlichen Begriffs *viveka* - der großen Unterscheidung zwischen vergänglich und unvergänglich im finalen Sinn - in einfache Techniken.

Zum Beispiel geht bei den Körperhaltungen *(āsanas)* mit den zutiefst unterschiedlichen Merkmalen der gelenkten - und vergänglichen - Ansage zum Einnehmen der Haltung und der - unvergänglichen - Stille der nachfolgenden Identität mit der eingenommenen Haltung der höhere Sinn von *viveka* nicht verloren, sondern nimmt dort im Bewusstsein des Übenden seinen Anfang.

In klassisch perfekter Weise zeigen uns die Veden und der Yoga den Stil unseres Umganges mit ihnen, einen Stil, der sich in alle Verzweigungen der Lehren und anderen Erscheinungen hinein fortsetzt: Wer zur Einheit gelangen will, beginnt bei der Zweiheit (und der Vielfalt). Lernprozesse der Unterscheidung und differenzierten Wahrnehmung gibt es nur im Weltbild des *dvaita*, der Zweiheit; *advaita*, das wahre Wesen des Seins aber kann und braucht so wenig gelernt zu werden wie das eigene Wissen, der *veda*, gelernt werden muss.

Yoga-Schule Stuttgart

Die Verborgenen Pforten zum Yoga

"Yoga ist dazu da,
die Behinderungen zu behindern",
sagte kürzlich der Yogalehrer. Und:
"Das klingt zwar seltsam, ist aber trotzdem richtig.
Und zu Ihren Erwartungen passt es auch nicht, Frau N.N."

Lange Zeit, meist viele Jahre, kommen Yogaübende, obwohl ihnen solche Worte bekannt sind, aus ganz anderen Gründen zum Unterricht. Verargen wird ihnen der Lehrer das nicht, er hat ja selbst lange Zeit gebraucht, bis er seiner herkömmlichen Denkrichtung eine andere, die yogische, hinzugesellen konnte.

Die "vielen Jahre" lassen sich aber recht gut nützen; Yogaübungen sind auch auf der Ebene mitgebrachter Erwartungen sinnvoll. Nur sollten sie nicht mit dem Yoga verwechselt werden. Ausreichend, für den Schritt vom Ausführen der Yogaübungen zum Yoga, ist es dabei nicht, sich mit den Hintergründen der Lehre zu beschäftigen und den Yoga "verstehen" zu lernen. Es ist der "gelebte" Yoga, der den Yoga lehrt. Auf Dauer macht es nicht viel Sinn, den Yoga zu üben und Probleme mit anderen Mitteln zu lösen. Dazu muss man natürlich wissen, wofür die Yogalehre zuständig ist.

Jeder Übende kennt den Tag (oder wird ihn noch kennenlernen) der Ernüchterung. Mit viel Hoffnung und Freude hatte man begonnen, etwas so großartiges wie Yoga zu üben - und nun das: "Ich übe und es bringt mir nichts." "Nicht das, was ich mir erhofft hatte." "Ich will ja gar nichts Besonderes, nur, dass es mir etwas besser geht." So etwa spricht der Ernüchterte. Und er hat Recht. Aber der Yoga und der Lehrer haben auch Recht.

Der Yogalehrer hat auch eine Hoffnung, nämlich die, dass die oder der Übende in einer solchen Lage nicht mit sich allein bleibt. Er kennt die Situation und wird nicht versuchen sie "vom Tisch zu wischen". Ganz im Gegenteil: Jetzt fängt der Yoga an! Vor der "Ernüchterung" war es gar nicht möglich, die im Yoga (sicher im ganzen Leben) entscheidende Anweisung zu geben und durchzusetzen: Nicht mit den Eigenschaften - es geht mir gut/nicht gut - des Ich, mit dem Ich selbst gehen wir um. Dort ändert sich im Yoga alles.

Alle Eigenschaften des Ich gelten im Yoga als mehr oder weniger starke Betrübnisse - im Verhältnis zur ungetrübten Reinheit des Ich - und heißen *kleśa*, sie sind in ihren fünf Haupterscheinungsweisen im Yoga-Sūtra II,3 zusammengefasst:

avidyā-asmitā-rāga-dveṣa-abhiniveśāḥ kleśāḥ
Nichtwissen, Ich-Bewusstsein, Zuneigung, Abneigung und
der Drang zum Leben (sind) die Kleśas.

Der Umgang mit ihnen wird im Yoga-Sūtra II,2 beschrieben:

samādhi-bhāvanā-arthaḥ kleśā-tanūkaraṇa-arthaś ca
Er, der kriyā-yoga, hat zum Ziel das Schwächen der Kleśas
und das Herbeiführen des Samādhi.

Es ist selbstverständlich, dass dieses Ziel und der Weg dahin nicht in unserer herkömmlichen Verfassung angenommen werden kann. Das wird aber im Yoga auch nicht erwartet. Das Sūtra tritt uns auch nicht schroff und unvermittelt gegenüber, sondern ist eingebettet in yogaeigene Techniken der Erwägung und Evaluation. Auch die Yogaübungen sind dazu da, Urteilsvermögen darüber zu erlangen, ob man einen solchen Weg gehen will oder nicht.

Schon beim Betrachten der Sūtratexte wird klar, dass uns der Yoga nichts gibt, nichts zu geben braucht, dass er aber Betrübnisse, *kleśas*, kennt und behindert, dass er "Behinderungen behindert".

Yoga-Schule Stuttgart

Die Verborgenen Pforten zum Yoga

Heilungen mit Yoga

Selbstbehandlung mit Übungen

Auf der Stufe von Kriyā-Yoga*

Falsch:
Bei Rückenbeschwerden werden Rückenübungen angewandt und bei Augenproblemen Augenübungen.

Richtig:
Zum Übungsbeginn wird mit einem prägenden Namen der Bereich benannt, der es gefühlsmäßig "am nötigsten" hat. Vielleicht ist es der Rücken, vielleicht sind es die Augen; trotzdem erfolgt die Auswahl der heilenden Übungen nicht in deren Richtung.

Ein Beispiel:
Rückenprobleme sind verhältnismäßig häufig. Auf dem Übungsblatt stehen - im Stil unseres Lehrers Selvarajan Yesudian - die Übungen

pūrṇa prāṇāyāma	Vollständige Yogi-Atmung
jālandhara bandha	Atempause
ekapādahastāsana	Form und Schönheit
baddhakoṇāsana	Elastizität
yoga mudrā	Gesundheit
mahā mudrā	Widerstandskraft
vṛkṣāsana	Gleichgewicht
nataśira vajrāsana	Kraft
vīrāsana	Selbstvertrauen
viparīta karaṇi	Ruhe
dhyāna	Einheit
śavāsana	RUHE

Sie werden als Heilübungen unter dem Motto ihrer besonderen Wirkung - zum Beispiel "Gleichgewicht" - und mit der Hinwendung "Rücken" ausgeführt.
Das Einnehmen von Yogahaltungen findet im *samādhi*-nahen Zustand *dhyānaja citta* (einem Zustand mit verändertem Bewusstsein) statt, Körper und Gemüt reagieren dann als Einheit.
Die Instanz des inneren Arztes vorausgesetzt, fließen jetzt Heilkräfte so, wie es richtig und nötig ist.
Das "denkende Gemüt" des Übenden hat in dieser Situation keine Chance mit- oder gar quer zu reden.

Es kann gut sein, dass *yoga mudrā* - eigentlich keine Rückenübung - sofort oder am nächsten Tag, bei der Wiederholung der Übungen, spürbare Erleichterung bringt. Häufiger noch, wirkt die Summe der Übungen als Ganzes hilfreich auf das besondere Problem ein.
Es folgt die Bekräftigung: "Der Atem (gemeint ist *prāṇāyāma*) verteilt die erlebte Kraft im Körper und darüber hinaus."

Der oben unter "Richtig" genannte "Bereich" muss einen schlichten Namen bekommen. Für Rückenprobleme ist das Wort Rückenschmerzen besser als Worte wie Lumbago oder Bandscheibenverschiebung. Je unspezifischer, desto besser. Volkstümliche und familiär gebrauchte Worte wie "traurig, unwohl" sind besser als "depressiv und therapiebedürftig". Alles, was nach weiteren Deutungen verlangt, ist - in diesem Zusammenhang - untauglich. Spötter mögen von "blumig" sprechen, sie wissen dabei wahrscheinlich nicht, wie Recht sie haben (und wie gut es sein kann, "durch die Blume zu sprechen").

*Wenn wir von Heilungen mit Kriyā- oder Haṭha-Yoga reden, behalten wir in Erinnerung, dass es im Yoga noch andere Heilweisen gibt. Und, dass sich der Kriyā-Yoga - erkennbar nach vertieften Studien - mit zweierlei befasst: mit der Förderung der Einheit in *samādhi* und der Minderung der Betrübnisse, der *kleśās.*

Anders als in der westlichen Medizin, wo nebeneinander liegende Fach- und Kompetenzbereiche einander ergänzen, ist die Heilkunde der Yogis vertikal geschichtet. Ihre Methode erlaubt den Zugang auf der Ebene einfacher Körperhaltungen und entwickelt ihre gestufte Dynamik im achtgliedrigen Weg *aṣṭāṅga-yoga* zur höchsten Stufe des *samādhi*-Zustandes.

Höher stehende spirituelle Heilung ist jedoch, schon wegen der notwendigen Einsicht in den Bedarf ihrer Ursache, schwer zugänglich, schwerer als unser üblicher Umgang mit der Heilung bzw. Linderung von eigentlich als unnötig und lästig empfundenen Beschwerden.

Wichtig:
Yoga und Selbstbehandlung sind keinesfalls Ersatz für den Arztbesuch. Es wird empfohlen, den Hausarzt in Kenntnis zu setzen und seine Hilfe einzubeziehen.

Yoga-Schule Stuttgart

Die Verborgenen Pforten zum Yoga

Imaginationen

vṛtti-sārūpyam itaratra

Der Trainer sagt zum Stabhochspringer:
Wenn du dich nicht schon über die Latte schweben siehst, darfst du noch nicht loslaufen.

Der Meister sagt zu Professor Eugen Herrigel (Zen in der Kunst des Bogenschießens, O.W. Barth-Verlag): Das ist es ja eben, dass Sie sich darum bemühen, dass Sie daran denken. Konzentrieren Sie sich ausschließlich auf die Atmung, als ob Sie gar nichts anderes zu tun hätten.

Der Yogalehrer sagt zum Übenden: Stellen Sie sich *vṛkṣāsana* vor. Nennen Sie die Übung beim Namen. Überlassen Sie es *prāṇāyāma*, dem nächsten Glied von *aṣṭāṅga*, dass Sie ein Baum sind - und ganz nebenbei auf einem Bein stehen. (Genauer kann man das nicht bezeichnen; dass es fremd klingt, sollte nicht mit ungenau verwechselt werden.)

Er sagt: Sie - Körper, Geist, Gemüt - sind das Produkt Ihrer Vorstellungen. Ihre Vorstellungen sind träge, zäh *(tamas)*, wirr *(rajas)*, heiter, zielbewusst *(sattva)*.
Er zitiert: *prakāśa-kriyā-sthiti-śīlaṃ bhūta-indriya-ātmakaṃ bhoga-apavarga-arthaṃ dṛśyam //*
Das Sichtbare besteht aus Elementen und Sinnen, hat den Charakter von Licht *(sattva)*, Tätigkeit *(rajas)* und Beharrung *(tamas)* (und existiert) um der Welterfahrung und Erlösung willen. (Yoga-Sūtra II,18)

Was sich menschlicher Geist vorstellt und hervorbringt, ist nicht wirklich Menschenwerk. Yogadidaktik lässt nicht ab von dieser Feststellung und provoziert die Anschlussfrage: "Wenn nicht du oder ich, wer dann?" Yoga lässt auch die allfällige Antwort nicht zu: der Trainer, der Meister, der Lehrer. Denn das ist ein Angelpunkt der Yogalehre: dem Fragenden muss das Bild erhalten, muss die Frage offen bleiben. Wie das geschieht, das lehrt der Yoga.

Das gewählte Bild, die Imagination, muss regelmäßig erneuert, die Kunst des Imaginierens, das Sehen der Bilder, sorgfältig geschult werden. Dabei kommt es noch nicht einmal auf bestimmte, "passende" Vorstellungen an. Wichtig ist vielmehr zu verhindern, dass die Bilder selbständig werden, dass der Übende - im Üben - zum Träumer wird. Ein Baum ist ein Baum, eine Rose ist eine Rose. Schlicht, ohne Assoziationen über den Baum, die Rose oder über sonstwas. Imaginieren und Assoziieren schließen einander gegenseitig aus. Es ist eine Domäne des Yoga, wie träumen und assoziieren gefördert und/oder verhindert werden kann, zum Beispiel in der Yogadisziplin Yoga-Nidrā.

Aber auch in einer gut geführten Stunde mit *āsanas* (Körperhaltungen) können Träume, Grübeleien, Gedanken keine eigenen Wege gehen. (Erfahrene Yogalehrer wissen, warum manche Übende zum Unterricht kommen: weil sie endlich einmal nicht denken müssen.)

Die Kreativität Übender, ebenso ihre innere Heilkraft, entspringt dem Zustand "nicht denken zu müssen".

Für den Anfänger, den Fortgeschrittenen, den Lehrer, den Meister, den Trainer, den *guru*, den *ṛṣi* (Seher) - für alle - gibt es nur einen Nenner als Übungseinstieg - in ruhigen Stunden, ebenso wenn es brennt:
Der Yogi beobachtet den Atem, er übt *kumbhaka*, die Atempause.

Nicht die kreativen Bilder und heilsamen Kräfte können gefördert, aber die Situation, in der sie entstehen, kann geübt werden.

Die Ärztin Prof. Dr. Jeanne Achterberg sagt in der Einleitung zu ihrem Buch "Die heilende Kraft der Imagination" (Scherz Verlag):

> "Das Erzeugen von visuellen, symbolhaften inneren Bildern mittels unserer Vorstellungskraft - das ist ein Vorgang, der in der Medizin schon immer eine Schlüsselrolle gespielt hat."
> "Das Vorstellungsbild ist eine der Hauptursachen für Krankheit und Gesundheit, es ist das älteste und wichtigste Hilfsmittel im Heilungsprozeß."

Die Verborgenen Pforten zum Yoga

Der schwerste Schritt

> Der Lotus der menschlichen Gestalt hat vier Blütenblätter in vier Arten, Farben und Größen. Jedem kommt eine bestimmte Bedeutung zu. Das erste Blütenblatt steht für den groben Körper, den die Sinne wahrnehmen. Seine Farbe ist rot. Das zweite steht für den feineren Körper, in dem wir Träume erleben; es ist weiß und von Daumengröße. Das dritte steht für den Kausalkörper; es ist so groß wie eine Fingerspitze und von schwarzer Farbe. Das vierte vertritt den Suprakausal-Körper. Es ist winzig wie ein Senfkorn und seine Farbe ist blau. Das vierte hat die größte Bedeutung. Es ist überaus strahlend und ist der Kernpunkt des ganzen Weges, die höchste innere Schau.
> Shri Jnaneshwar, zitiert von Svami Muktananda Paramahansa in
> "Spiel des Bewußtseins" Aurum Verlag

Wir machen eine Ausnahme, wir vergleichen, systematisch, linear. Das tun wir sonst nicht. Jedes Thema hat sein eigenes Recht und ist nicht einem Nachbarthema, sondern der Grundidee der Lehre Rechenschaft schuldig.
Ausgerichtet auf diese "Richtung der Rechenschaft" ergibt sich das Konzept eines Kreislaufs, es entspricht der "vertikalen" oder "hierarchischen" Ordnung des Yoga. Anderen Themen, Texten, Vorstellungen und Prinzipien, eigenen oder fremden, schuldet unsere jeweilige Anschauung Respekt, vertritt aber ihre eigene bis zur Auflösung in die nächsthöhere Stufe. Dieses in sich ruhende Verhalten, mit seinem großen Vorbild in den "Acht Gliedern" *(aṣṭāṅga)* der Yoga-Sūtras des Patañjali, begründet unsere Ansicht, anderes - lineares - Betrachten ist eine Ausnahme.
Der Vergleich, von dem wir reden, bietet sich an mit einem wichtigen Text der Yogalehre, nämlich der Parallele der Blütenblätter Shri Jnaneshwars zu den Stufen des Bewusstseins in der Mandukya Upanishad.
In den Mantras drei bis sieben der Upanishad wird die Bedeutung der Bewusstseinszustände vom Groben bis zum Feinsten - und darüber hinaus - ähnlich beschrieben wie in dem kurzen Text Shri Jnaneshwars.
Der Unterschied besteht in der Lautlichkeit der Upanishad zur Bildhaftigkeit des Jnaneshwar-Textes. Das gleiche Thema wird einmal gesprochen, ein anderes Mal gesehen. Was die Upanishad mit dem Wohlklang ihrer Worte bewirkt, erreicht das Bild der Lotusblüte durch die Schönheit ihrer Gestalt. Was, besonders im siebten Vers der Upanishad, die Kunst sprachlichen Ausdrucks, in einer sich rhythmisch steigernden Form zum Ausdruck bringt, vermittelt der Text, mit dem gleichen, hohen Anspruch, durch die Visualisation der dem Wesen des Menschen innewohnenden Farbe "blau".

In der Praxis der Yogastunde kann der Lehrer, nachdem der Vergleich zur Upanishad dargelegt ist, sehr gut mit der Einprägsamkeit des Textes Jnaneshwars umgehen.

Er wird auf die in der Upanishad gestuften Bewusstseinsformen und auf die für jede Form besondere Art der Achtsamkeit hinweisen.

Er kann die in jeder Stufe unterschiedlichen Korrekturen hervorheben, dann - was unvermeidlich ist - wenn die Achtsamkeit verletzt wurde.

Und er kann *viveka* praktizieren, das heißt, er kann die Stufen vor einer Vermischung bewahren.

Das erste Blütenblatt: Verletzte körperliche, grobstoffliche Achtsamkeit ist leicht zu beheben. Grob zu grob: Pflaster drauf, Bein geschient, fertig.

Das zweite Blütenblatt, der Traumzustand ist fein, feiner, und erfordert die Überwindung zu feinerem Verhalten: Keine Deutung der Träume, keine (selbst- oder fremdveranstaltete) Analyse der Verletzungen bzw. Fehler.

Stattdessen, das dritte Blütenblatt: Lernen des Stillhaltens in der Besinnungspause. Die hier gemeinte Stille kann der Übende - im Übergang vom herkömmlichen zum yogischen Bewusstsein *(dhyānaja citta)* - üben, er kann dabei noch tätig sein.

Viertes Blütenblatt: Wenn das winzige, das blaue Licht verschwunden ist. Der Übende kann nichts mehr tun, außer "den schwersten Schritt". Er kann einen Schritt zurücktreten. Nennen wir "den Schritt zurück" den Schritt zu den Verborgenen Pforten zum Yoga.

Dem Übenden kann nicht entgehen, dass dort, wo wir vom Vergleich sprechen, eigentlich unsere Natur mit ihren Beispielen spielt.

Yoga-Schule Stuttgart

Die Verborgenen Pforten zum Yoga

Ein Ruck

Der neue Bundespräsident beruft sich auf einen seiner
Vorgänger und stattet, gleich bei seinem Amtsantritt,
dessen Wort mit neuem Elan aus:

"Ein Ruck muss durch unser Land gehen."

Fast schelmisch fügt er hinzu: "Nun warten alle auf den Ruck." Wir erlauben uns eine Frage an die Herren Präsidenten: "Wie geht das - ein Ruck?" Wir sind daran gewöhnt wichtige Dinge so zu lernen, dass wir sie richtig machen. Wo, bitte, lernt man einen richtigen Ruck?

Es wird uns sicher erlaubt sein - eigentlich außerhalb unseres direkten Arbeitsfeldes - dazu eine Antwort aus dem Yogabereich zu geben.

Kommandos für einen kollektiven Ruck gibt es nicht, nicht mehr, die Geschichte lehrt uns, warum das gut ist.

Nach den noch immer wirksamen Erfahrungen der Vergangenheit hat sich die Motivation zur Handlung auf den Einzelnen verlagert. Jeder übernimmt Verantwortung für sich selbst. Das ist auch gut so.

Eine Einrichtung zur Besinnung auf eigene Verantwortung ist der Yoga. Yoga kennt - beim einzelnen Menschen - Methoden, ruhende Kräfte in Impulse, in Bewegung umzusetzen.

Im Stil der Yogalehre geschieht eine solche Umwandlung niemals vor Ort. Alles im Yoga ist an das Format bestimmter, nicht zu Erfolg verpflichteter Übungen geknüpft; an Übungen, die keinen Zusammenhang mit vorgefassten Absichten erkennen lassen.

Der Yoga vertraut auf die Grundmatrix, auf die autonome Weiterwirkung elementarster Verlaufsformen. Als Beispiel: Der Yogi macht keine Atemübungen, er lässt sich vielmehr auf die "Initiative" des Atems ein. Er erkennt im Atemrhythmus den Ursprung buchstäblich aller Erscheinungen.

Die Praxis: Aus dem Dreiklang von Einatmung, Ausatmung und Atempause ergibt sich ein Grundmodell, dessen Formen wir, angefangen bei unseren Gedanken und den Gefühlen, über die Gestalt des eigenen Körpers bis zu allen Gestalten der Welt, wieder treffen.

Der Ruck, der das ganze Wesen durchzieht, wird nicht veranstaltet und ist auch nicht abschaltbar. Es ist der in Achtsamkeit erlebte Einatemimpuls nach der mit noch größerer Aufmerksamkeit erlebten Atempause. Man kann sagen, er hinterlässt keine im abrufbaren Gedächtnis lagernden Spuren, oder man sagt: alle Spuren, auch das Gedächtnis selbst, sind sein Werk.

Noch einmal, entweder - oder: der Lernvorgang, den Ruck zu spüren, findet unter Abschirmung durch einen erfahrenen Lehrer statt - oder gar nicht.

Der Übergang vom subtilen und eigenen Bereich in die nach außen gehende und soziale Wirksamkeit erfolgt langsam aber unaufhaltsam.

Dort, wo der "Ruck" ausgelöst wurde, wird seine Wirkung zuerst erkannt.

Yoga-Schule Stuttgart

Die Verborgenen Pforten zum Yoga

kumbhaka

Im Yoga üben wir die Atempause

Und im gesamten Yoga, auch in den Yogaübungen,
liegt mehr Bedeutung im Halt
- zwischen den Bewegungen -
als in deren Ausführung.
Yoga lehrt: Bewegungen, auch der Gedanken,
finden statt, damit
ihr Halt stattfinden kann - nicht umgekehrt.

* Schon zu Schulzeiten war das Läuten der Pausenglocke ein willkommenes Signal.
* Inzwischen haben wir viele Arten von Pausen kennengelernt: Ferien und Urlaub sind wohl die beliebtesten.
* Unbeliebt, aber trotzdem eine Pause, ist die Krankheit.
* Die Nacht lässt die Tagesroutine ebenso pausieren wie der Tag die Träume.
* Der Vortragende, auf dessen Rede alle gewartet hatten, tritt auf das Podium, spricht ein paar Sätze -, und hält inne. Das Publikum stutzt, manche glauben, er weiß nicht weiter. Aber, er ist ein Redner ...

Das sind gröbere Formen der Pause. Die feinen kennen wir aber auch:

* Die Atempause(n).
* Das pulsierende Herz macht eine Pause.
* Die schöpferische Pause.
* Unsere Rückkehr zum Schöpfungsrhythmus *(ṛtaṃbharā),* heißt *kumbhaka*, Atempause

Geschickte Regie nutzt das Element Pause bei allen Gelegenheiten; wie der Redner, der im Fluss seiner Ausführungen den Effekt der Unterbrechung rhetorisch einsetzt und das Publikum stutzen - eine Pause erleben - lässt.
Gelernt hat der Redner - wahrscheinlich unbewusst - von *ṛtaṃbharā*, der ewigen Ordnung. Der Ordnung, die alle Geschöpfe, ihre Gestalt und Funktionen in ihrem Rhythmus geprägt hat.
Jedes Ereignis in der Natur und jede Tätigkeit des Menschen ist, wie ein Pendel, rhythmisch angelegt. Zwischen den gegenschwingenden Phasen *(ṛtaṃbharā)*, liegt immer *kumbhaka* ein kurzer oder längerer Halt - eine Pause.

Das Lexikon definiert die Pause als "Die kurze Unterbrechung eines weiterfließenden Geschehens", wir fügen hinzu, "und macht dieses erst sinnvoll".

Und damit sind wir beim Thema. Im Yoga üben wir die Pause, besonders die Atempause, weil uns der Sinn für den natürlichen Rhythmus durch die Wirkung der Behinderungen *(kleśas)* verloren gegangen ist.
Im körperbezogenen Yoga, den Yogaübungen, liegt deshalb mehr Bedeutung im Halt - zwischen den Bewegungen - als in deren Ausführung. Die Bewegung findet statt, damit der Halt stattfinden kann - nicht umgekehrt.
Als Übende des Yoga, der Lehre zur Schwächung der Behinderungen (Yoga-Sutra II,2), und damit der Lehre der natürlichen Erweiterungstendenz des menschlichen Bewusstseins, werden uns Behinderungen - das sind auch die Krankheiten - vor Augen geführt damit sie überschritten werden können.
Aber erst die Erkenntnis eigener Betroffenheit weist uns den Weg. Dämmernde Einsicht zeigt uns nacheinander zweierlei:
Zuerst die Unfähigkeit und Unmöglichkeit der Änderung unseres Verhaltens direkt am Ort des Geschehens.
Und danach die Chance durch indirekte Anwendungen die Situation doch zu korrigieren.

Wenn es zur (üblen) Gewohnheit geworden ist halt- und pausenlos zu sein oder wenn wir die lebensnotwendigen Pausen im Alltagsgeschehen nicht einhalten können, brauchen wir uns vor Ort auch gar nicht weiter bemühen. Dort vergeuden wir nur unsere Kraft.
Der richtige Platz für Korrekturen ist die Übungsmatte und der Name für die Wohltat der Pause ist *kumbhaka.* Das ist jene Pause, die unser Atem, der wichtigste Rhythmusgeber des Lebens, selbst seinem Beobachter mitteilt.
So wie der Redner, der nicht nur mit seinen Worten etwas zu vermitteln hat.

Yoga-Schule Stuttgart

Die Verborgenen Pforten zum Yoga

Das Übungsblatt

Von manchen - zum Beispiel von mir - wird es wie eine Art Reliquie behandelt.
Ich habe noch das erste, das ich von meinem Lehrer erhalten habe. Auch die nachfolgenden habe ich über all die vielen Jahre gut aufbewahrt.

Wie ein Mensch gegenüber einem solchen, ja eigentlich banalen Ding eingestellt ist, hängt nicht von sachlichen, sondern von gefühlsmäßigen Zusammenhängen ab. Diese wiederum gründen eher in tieferen Schichten als dort, wo Tun oder Lassen in der eigenen Hand liegen.

Diese Betrachtung halte ich für angemessen. Es gibt im westlichen Yoga-Bereich kein anderes an Wert und Bedeutung dem Übungsblatt vergleichbares und offen zugängliches Yoga-Instrument wie dieses - die gesamte Yoga-Literatur eingeschlossen. Das Übungsblatt vermittelt den direkten Kontakt zur Yoga-Schule, zum Yoga-Lehrer, zu den Yoga-Lehrern der eigenen Yoga-Richtung und erfüllt damit eine der wenigen unerlässlichen Voraussetzungen für sinnvolles Üben, nämlich das tägliche Nachüben zu Hause.

Das Übungsblatt entstand in der Yoga-Schule von Selvarajan Yesudian und Elisabeth Haich. Mein Lehrer, Herbert Hildebrand, hatte es übernommen und wir haben ab 1967 die Herausgabe fast unverändert fortgesetzt. Jede Woche erscheint ein neues Blatt mit einer neuen Übungsfolge. Allein in unserer Schule gibt es inzwischen über 1500 Übungsblätter. Nach uns haben unsere Schüler in ihren eigenen Schulen die Tradition weitergeführt.

Sinn des Übungsblattes ist es, dem Übenden ein Programm für das tägliche eigene Üben zu geben. Auf dem Blatt stehen die Übungen der "Wochenstunde unter Anleitung" und sind somit das Programm bis zur nächsten Wochenstunde. Die Übungen sollen in ihrer Art, ihrer Reihenfolge und ihrer Ansage im Wesentlichen beibehalten werden. Dabei sind Abweichungen, zur Betonung bestimmter Übungen oder wegen gelegentlichem Zeitmangel, selten sinnvoll, aber nicht unmöglich.

In der Biographie von Svami Vivekananda haben wir gelesen, wie wir mit einem Text umgehen können. Von Vivekananda sagt man, er sei in Sekunden darüber informiert gewesen, was auf einer Buchseite geschrieben stand. Er hat den Text innerlich "fotografiert". Ähnliches erwarten wir von unseren Schülern: Das Blatt kurz ansehen und nach dem so "fotografierten" Inhalt üben - unter bewusster Hinnahme von möglichen Fehlern. (Gemunkelt wurde, dass es Teilnehmer gegeben hat, die zum "Yoga" gekommen sind, um diese Technik zu lernen.)

Oben auf dem Übungsblatt steht ein Text. Er stammt aus der eigenen, häufiger aus der Feder anderer. Yesudian schuf durch den Umgang mit diesem Text einen Brückenschlag zwischen dem alltagsbezogenen und dem übungsgerichteten Stil unseres Denkens. Bei uns wird der Text gelesen und ausgelegt. Yogagemäß kommt es dabei mehr auf das Wie des Lesens als auf das Was der Auslegung an. Die Stimme des Lehrers stimmt sich ein auf die Führung durch die Stunde. Auf die Übenden hat das eine stark "ansteckende" Wirkung.
Außer der Betonung des klanglichen Elements bei der Einstimmung hat der Lehrer Gelegenheit in seinen Ausführungen Grundelemente der Yoga-Lehre aufzugreifen. Er wird so ziemlich jedes Thema mit der Tatsache verknüpfen, dass im Yoga Probleme nicht behoben werden können, ohne die so genannte *vicāra*-Frage "Wer bin ich?" (Sri Ramana) zu stellen. Für die Behandlung seines Themas hat der Lehrer etwa zehn bis fünfzehn Minuten Zeit.

Dann kommen die Übungen. Zuerst *śavāsana,* eine geführte Entspannung mit Durchwandern des Körpers. Dann die von Yesudian *pūrna prāṇāyāma* und *jālandhara bandha* genannten, an westliche Atemübungen erinnernden Praktiken, mit deren Einrichtung ihm ein wahres Meisterstück der Überleitung von westlicher in yogische Sichtweise gelungen ist. Bei der Ansage dieser Übungen hat es der Lehrer in der Hand, die unvermeidlich mitgebrachte Absicht der Übenden, Wirkungen zu erlernen, in Achtsamkeit und Hingabe umzuwandeln.

Die Übenden sind nun bereit im Yoga-Stil Körperhaltungen *(āsanas)* einzunehmen. Die einzelnen, auf dem Übungsblatt verzeichneten Übungen, werden drei Mal hintereinander, mit bei jedem Durchgang erneuter, präziser Ansage (als wäre es das allererste Mal) auch denen angewiesen, die die Übungen schon seit Jahrzehnten kennen. Diese Technik gewährleistet zuerst eine fast spielerische Beherrschung der Übung; zudem - in ihrem weiteren Ablauf - die Überschreitung dieser ja zwangsläufig ichhaften Beherrschung, samt der Tendenz zur Weitergabe an andere.

Zu sagen wäre noch, dass Raum und Zeit eingeräumt werden müssen, die Übungen zunächst zu ihrer imaginativen Entfaltung kommen zu lassen, bevor die körperliche Form folgen kann. Jede Übung beschreibt einen in sich geschlossenen Kreis und ist mit dem Kreisschluss, das ist die Rückkehr in die Atemmitte, ohne Nachsinnen beendet. Die zur Übung gehörende Bekräftigungsformel ist in abgekürzter Form auf dem Übungsblatt vermerkt. Aus einer Gesamtzahl von etwa einhundert stehen meist acht wechselnde Übungen auf dem Blatt. Als letzte wird eine Umkehrhaltung eingenommen: Verschiedene Formen des sogenannten Kopfstandes, der Kerze und des Schulterstandes stehen im Wechsel zur Verfügung.

Beendet wird die Übungsstunde mit *dhyāna* und *śavāsana,* einer kurzen Meditation und der Schlussentspannung. Im häuslichen Bereich soll für alle Übungen des Blattes ein Zeitraum von vierzig Minuten nicht überschritten werden. Anschließende oder vorausgehende Meditation zählt dabei nicht mit.

Das Übungsblatt schließt ab mit Hinweisen auf weitere Termine, die Adresse der Schule und dem Datum. Jedem Übenden wird das Blatt am Ende der Wochenstunde vom Lehrer ausgehändigt.

Yoga-Schule Stuttgart

Die Verborgenen Pforten zum Yoga

Wirkungen

Das Ausbleiben von Wirkungen beruht auf
einem Mangel an eigenen Erfahrungen.

Ich trinke Wasser - mein Durst ist gestillt.
Ich esse Brot - mein Hunger vergeht.
Ich sitze in der Sonne - mein Körper erwärmt sich.
Ich singe ein Lied - mein Herz schwingt mit.
Ich fühle Schmerz - Besorgnis steigt auf.
Ich meditiere - meine Probleme lösen sich.

Im Fahrwasser einer "der Ursache folgt die Wirkung"-Philosophie sind wir an die geradlinige Erfüllung unserer Erwartungen gewöhnt. Nicht irgendwie und irgendwann, sondern in einer in etwa berechenbaren Weise erwarten wir Ergebnisse. Auswirkungen unseres Tuns/Nicht-Tuns werden - nach Art, Zeit und Ort - als bekannt vorausgesetzt. Dieser Stil des Denkens beruht auf der Übernahme der Erfahrungen anderer. Er wird das "horizontale Denken" genannt und überlagert die schon in frühesten Kindheitstagen lebendige eigene Originalität und Phantasie. Länger als zur anfänglichen Orientierung nötig wird dieser Denkstil beibehalten und überträgt schließlich, einzig dastehend, seine Mechanik auch auf andere Anfänge, zum Beispiel im schulischen Lernbereich. Bezogen auf den Durchschnitt der Gesellschaft beherrscht seine Methode, bar jeglicher Alternative, unterschwellig und eher leidvoll die Zusammenhänge unseres Lebens.
Versuche, diesen Denkstil auch im Yoga anzuwenden, schlagen fehl. Zwei Gründe lassen sich dafür nennen:

1. Auf dem Weg in die Tiefe, der im Yoga vorherrschenden Bewegungsrichtung, gibt es die im horizontal/kausalen Modus übliche Denkstruktur nicht.
2. Die Wirkungen der Übungen sind individuell und von sehr feinem Charakter.

Der Weg in die Tiefe der Übungen wird auch "der vertikale Weg" genannt, sein Merkmal ist der Kreisschluss. Bei der horizontalen Bewegungsrichtung wird von Wellen gesprochen. Eine Welle stößt die nächste an und rollt langsam aus. Der geschlossene Kreis verhält sich anders, er ist in sich selbst vollendet.

Vorgegeben für unsere Existenz ist die grundsätzliche Fähigkeit der harmonischen und ausgewogenen Begegnung beider Richtungen (manchmal gekennzeichnet durch das Symbol des Kreuzes). Ebenso vorgegeben ist die Verfügbarkeit über Mittel, bedrohte Harmonie oder verlorenes Gleichgewicht wieder herzustellen. Wenn im Yoga von Übungen gesprochen wird, ist das Sich-Einlassen auf diese Mittel gemeint.

Schon eine überschlägige Prüfung zeigt, dass Gleichgewicht und Harmonie tatsächlich recht fragile und ständig gefährdete Größen sind. Schaut man - mit Übungserfahrung - noch etwas genauer hin, wird eine weitere Gewissheit erkennbar: Probleme des Ungleichgewichts und der Disharmonie lassen sich nicht vor Ort lösen. Die bestehende Betroffenheit macht den Ort des Geschehens unzugänglich. Sei es bei einem Individuum, der Gesellschaft oder, heilkundlich gesehen, bei einem Organ, einer Funktion: Wo sich Verletztheit festgesetzt hat, lässt sich schwer bis gar nicht neue Ordnung einleiten. Schon durch laterale (seitliche) Verschiebung in einen nicht direkt betroffenen Bereich werden, auf dem Wege der "Ansteckung" gute und rasche Ergebnisse erreicht.
Die Steuerung durch vertikal aufsteigende Kräfte - wie sie bei Übungen außerhalb der betroffenen Zone entstehen - ist jedoch der verlässlichste Faktor zur Klärung und Heilung unserer Probleme. Der Volksmund hat nicht unrecht, wenn er von der "Weisheit des Bauches" spricht - wobei kaum der leibliche Bauch, sondern das Wirkungsfeld des entsprechenden Cakras gemeint ist.

Therapeutisch, naturheilkundlich und yogisch betrachtet sind unspezifische Anwendungen (außer bei Notmaßnahmen) wirksamer als punktuell indizierte Methoden. Das gilt sowohl im engeren Sinn der Heilkunde, wie auch überall dort, wo korrigierende Maßnahmen notwendig oder erwünscht sind.
Wir sagten, die Wirkungen der Übungen sind von sehr feiner Art. Das hat zur Folge, dass, so lange für sie keine passenden Rezeptoren ausgebildet sind, zwar eine Wirkung erfolgen kann, diese aber nicht ins Bewusstsein gelangt, also nicht wahrgenommen wird.
Bewusste Wahrnehmung ist jedoch ausschlaggebend. Ihre Bedeutung beginnt schon auf der gröberen Ebene alltäglicher Vorgänge. Als Beispiel: Die Füllung des Magens mit Speise bewirkt nicht zwingend ein Gefühl der befriedigenden Sättigung (obwohl diese Rezeptoren von Anfang an vorhanden sind). Oder, im feineren Raum subtiler Wirkungen: Beim Genuss einer neuen Tee- oder Weinsorte mag es sein, dass die zuständigen Geschmacksknospen noch nicht ausgebildet sind, also die Wirkung bewusstseinsmäßig nicht ankommen kann.

Eine hochwirksame und ausgereifte Technik, Ursachen und Wirkungen im horizontalen und vertikalen Bereich aufeinander abzustimmen, ist der Yoga. Wohlverstanden: der Yoga. Nicht eine Anwendung, die sich zwar so nennt, aber in das horizontal bestimmte Ermessen umgestaltet und verwendet wird, um berechenbare Ergebnisse zu erzielen.
Prüfstein für die Einhaltung der Yogalehre ist die Öffnung für die Kernfrage ihrer Disziplin: Wer bin ich?
Bleibt die Frage nach seiner Identität bei dem Fragenden aktiv, kann er mit der bloßen Übernahme der Erfahrungen anderer nicht mehr auskommen, er wird eigene Antworten provozieren und erleben müssen.

Ich trinke Wasser. Wer bin ich?

Die dreiundneunzigjährige Yogalehrerin Liesel Goltermann sagt: "Mit dem Yoga verändert man seine Ansichten, man muss nicht mehr so unglücklich sein, wenn irgendetwas geschieht."

Yoga-Schule Stuttgart

Die Verborgenen Pforten zum Yoga

Das Gegenteil ist auch richtig

Wer einen Standpunkt zu vertreten hat, hört das nicht besonders gern. Man hat um seine Meinung gerungen, und nun soll sie nur die Hälfte wert sein? Die andere Hälfte sei auch richtig, sagt der Lehrer. Vielleicht handelt es sich auch nicht nur um Meinungen, vielleicht geht es um wichtige Geschäfte oder gar um das gesundheitliche Wohlbefinden, welches dann mit Unwohlsein hälftig zu teilen wäre?

Der Versuch mit einem einfachen Mittel, einer Frage, könnte zur Lösung beitragen: Sieht es anders aus, wenn statt vom Gegenteil vom Gegengewicht die Rede wäre? Zumindest hätte man sich vom unmittelbaren Gegenstand des Konflikts und seinem Gegenstück etwas entfernt. Distanz verschafft oft gerechtere Sicht.

Wir sind jetzt ganz nah an der Schnittstelle zur Yogapraxis. Yoga arbeitet niemals vor Ort. Wer in der Lage ist jede Erscheinung, jeden Vorgang, auf der Basis der unumgänglichen Wechselwirkung der Kräfte zu sehen, muss sich nicht mit deren schwer erkennbaren Besonderheiten beschäftigen. Die Formel besteht aus zwei Teilen: einem gemeinsamen Nenner und unendlich vielen Zählern.

Yogaübungen, das gesamte yogische Verständnis, beruhen auf dem Umgang mit dem einen Nenner, der Frage nach dem Selbst, und, als Anlass zur Frage, der Nennung des oder der jeweiligen Zähler.

Es gibt Ausnahmen: Beim Arm- und Beinbruch und bei Zahnkaries macht das keinen Sinn, wenn man deren tieferen Hintergrund einmal außer Acht lässt, aber sonst gilt das Prinzip von Kopf bis Fuß, sowohl innen wie außen.

In einem interessanten Artikel über das Fahrradfahren vom 24. Juli 2004 in den Stuttgarter Nachrichten zitiert die Autorin Bettina Hartmann die Schriftstellerin Friedl Beutelrock: Gleichgewicht halten ist eben die erfolgreichste Bewegung im Leben. Zitat Ende. Gleichgewicht setzt gegenspielerische Kräfte voraus.

Es ist kein weit ausholender Schritt, das Fahrradbeispiel in allen anderen Lebensvorgängen wieder zu erkennen. Wir können aufzählen: Gelingen solo gibt es so wenig wie Wohlstand solo oder eben auch Wohlbefinden solo.

Der Yoga wird nicht das Unbehagen fördern, aber es auch nicht bekämpfen. Der Nenner unseres Lebens kann nicht anders, als sich immer neue Zähler zu suchen. Die Yogis sagen, es ist besser, (leichtes) Unbehagen, (gelinden) Schmerz zu provozieren, zu setzen - und zu wissen, woher er kommt - als zu versuchen sich alles Übel vom Hals zu halten. Zur Freude gehört Leid und zur eigenen Meinung gehört die Meinung des/der Anderen.

Der Versuch mit einem noch einfacheren Mittel wäre die Einsicht:
Das Leben besteht aus dem Gegensatzpaar des Kommens und Gehens. Das gilt zumindest so lange, als mit "dem Leben" - richtigerweise - das persönliche Leben und nicht - ebenso richtig - auch der höchste Gegensatz, das Leben im Köper im Verhältnis zum "Leben an sich" gemeint ist.

Die Verborgenen Pforten zum Yoga

Schub und Sog

Hänschen hat zum Geburtstag eine Dampfmaschine bekommen, etwas altmodisch zwar im Zeitalter der Elektronik, aber mit seinen vier Jahren weiß er das noch nicht. Papa spielt mit ihm, das ist fein. Und dass der Papa die Maschine aus seiner eigenen Spielkiste hervorgekramt hat - es gibt sie wahrscheinlich gar nicht mehr zu kaufen - weiß Hänschen auch nicht. Ob aber der Herr Papa weiß, dass er für sich und den Sprössling ein ganz wichtiges Modell aufgebaut hat? Ein Modell für die Arbeits- und Funktionsweise aller arbeitenden und funktionierenden Systeme?

Beim Herz nennt man den Schub und Sog des Kolbens der Dampfmaschine anders: Systole und Diastole sind dort die gebräuchlichen Worte. Und ob dem Vater klar ist, dass die Funktion Ein/Aus im digitalen Rechensystem der Elektronik als Null und Eins figuriert? Es wäre Zufall, wenn er wüßte, beziehungsweise solche Assoziationen herstellen/zulassen würde, dass alle Erscheinungen - im Himmel und auf Erden - auf der gesetzmäßigen Grundlage des Kommens und Gehens ablaufen. Fast auszuschließen ist (nicht nur seine) Kenntnis davon, dass die Lehre der Yogis nichts anderes als die praktische Umsetzung dieses Gesetzes ist, und zwar in voller Erkenntnis seiner Universalität.

Vom Kinderspielzeug zum Verständnis des Weltenrätsels, ein solches Gleichnis bietet uns der Yoga? Wer es anders erwartet hat, muss wohl versäumt haben, sich mit einigen Fakten selbst vertraut gemacht zu haben. Nicht so leicht entschuldbar im Zeitalter der Globalisierung - auch des Wissens.

Natürlich ist das Wort Yoga in vieler Menschen Munde. Es kann sich jedoch nicht dagegen wehren, falsch verstanden zu werden. Und gegen die eifrigen Protagonisten des Missverständnisses auch nicht. Es genügte jedoch, um dem unvoreingenommenen Betrachter ein korrektes Bild zu verschaffen, einen Blick in die Yoga-Sūtras zu werfen. Es sind nicht mehr als vierzehn Worte, die den Anspruch von Yoga konstituieren.

Ich will hier das Thema nicht weiter ausbreiten, seine Thesen kehren ja in allen Themen wieder. Ich will aber sagen, Yoga ist Sog, ist die geordnete Hingabe nicht an die ein-, sondern an die rückströmenden Kräfte. Im Rückstrom, einem Akt der Art, der auch als Religion bezeichnet wird, schließt die Wissenschaft der Yogalehre Kenntnis und Überschreitung der Grenzen dessen, was andere wissenschaftliche Bemühung - durch Schub - hervorgebracht hat, in sich ein.

> Ein Merkmal für den Sucher nach Wahrheit ist sein Umgang mit einfachen Modellen. Die höchste Wahrheit wird für ihn so einfach sein, wie sie im Spielzeug von Hänschen erkennbar ist.

Yoga-Schule Stuttgart

Die Verborgenen Pforten zum Yoga

Selbsttest
Fragen und Antworten

Frage: Im Unterricht gebrauchten Sie das Wort Selbsttest. Es klang gut in meinen Ohren. Ich möchte gern etwas mehr darüber hören.
Antwort: "Selbsttest" ist mal wieder ein geliehenes Wort, ein Wort mit dessen Hilfe wir uns eine Brücke zur Weisheit des Ostens bauen.
F.: Widersprechen wir damit nicht Sri Ramana, der nicht einmal dem Weisen den Brückenbau zutraut?
A.: Kaum, wenngleich sein Wort von den nicht überbrückbaren Gegensätzen ("die Welt, die er kennt" gegenüber "dem Selbst, der Wirklichkeit, von der er hört") natürlich für alle Gegensätze gilt. Kaum, deshalb, weil der Unterschied zwischen Ost und West so riesig ist, dass es von unserer Seite aus ohne behutsame Hilfe keine wirkliche Begegnung gibt.
F.: Gibt es für den Unterschied ein deutliches Beispiel?
A.: Ja, ein gutes Beispiel ist die Wirkung der Sprache. Unsere Sprache ist - im Verhältnis zu der Sri Ramanas - nicht "wirkungsbegabt". Seine Worte wirken direkt, unsere schlagen sich - bestenfalls - im Gedächtnis nieder. Wenn Sri Ramana sagt "Du bist dein eigenes Selbst", bewirkt seine Rede unmittelbar die Aufhebung der Identifikation mit dem Körper wie auch mit dem denkenden Gemüt.
F.: Können wir das Gleiche erreichen?
A.: Ja, aber wir müssen Brücken bauen. Stufenweise, etwa so:

Lernen	Ich weiß vom Selbst. Die Ebene der Gelehrten.
Tun	Ich bemühe mich um das Selbst. Die Ebene Jakob Böhmes: "Tun, tun muss es sein, oder es gilt nicht."
Zulassen	Ich tue nicht, ich lasse "es" zu. Die Ebene der Priester.
Unio mystica	Ich und das Selbst sind eins.

F.: Wo, auf diesen Stufen, befindet sich der Yogaübende?
A.: Das ist das Merkmal des Übenden: Er/Sie durchwandert alle Stufen wieder und wieder.
F.: Gibt es kein Ende mit den Mühen der ersten beiden Stufen?
A.: Es gibt kein Verweilen im höchsten Stand. Ist er einmal bewusst erreicht, gibt es auch keinen Wunsch dort zu verweilen. Es sind immer Kreisläufe, die wir durchschreiten. So auch bei aṣṭānga, dem achtgliedrigen Weg, als Lern- und Lehrstätte.
F.: Erst mit dem dritten Schritt haben wir Nähe zu Sri Ramana erreicht.
Was erleben wir im Selbsttest auf den Stufen vorher?
A.: Vorher nehmen wir es uns selbst übel, wenn wir uns nicht oder nicht ausreichend bemühen.
F.: Also ist Unzufriedenheit eigentlich ein Merkmal dafür, auf dem Weg zu sein.
A.: Unzufriedenheit und (Selbst)vorwürfe sind - oft verlagert-, weil sie unverzichtbar sind. Sie sind der Ausdruck für die Arbeit an sich selbst, z.B. für den Selbsttest.
F.: Dann stecken wir also unbewusst schon mitten drin - wer macht sich keine Vorwürfe?
A.: Natürlich stecken wir "mitten drin" im Leben. Wir müssen nur von der unsinnigen Meinung lassen, dass wir "dieser (oder jener) Erfahrung" nicht bedurft hätten.
F.: Wie ist nun das konkrete Vorgehen mit Yoga?
A.: Gegen das Aufkommen von Übel (oder, sich selbst etwas übel zu nehmen) haben wir kein Mittel, wohl aber für den Umgang mit dem Übel. Unser Mittel stammt, wie alles im Yoga, aus der Quelle der Weisheit der Weisen und ist - das ist sein Gütesiegel - schlicht und einfach, weshalb es von den "Ich weiß"-Leuten oft bespöttelt wird.
F.: Nennen Sie doch bitte das konkrete Vorgehen beim Namen.
A.: Schlicht und einfach: Üben. Jede wirkliche Yogaübung zielt auf alles, zielt auf das, was am Nötigsten ist - ohne es vorher definiert zu haben.
F.: Letzte Frage. Gibt es noch einen besonderen Hinweis, eine besondere Betonung beim Üben?
A.: Schon, einige. Das Mittelstück der wirksamsten, der angeborenen Yogatechnik ist die Übung *kumbhaka*, genauer *bāhya kumbhaka*, die Pause nach der Ausatmung.

Yoga-Schule Stuttgart

Die Verborgenen Pforten zum Yoga

Sitzen

Der Yoga der drei Worte

Was uns so alles über die Körperhaltungen der Yogis erzählt wird, rechtfertigt einen deutlichen Zugriff.
Indische Lehrer haben zwar ebenfalls unterschiedliche Vorstellungen vom Üben der *yoga-āsanas*, bei ihnen laufen aber alle Übungen - anders als bei uns - auf die Yoga-Sūtras des Patañjali hinaus.
Im zweiten Kapitel der Sūtras finden wir einen Text, der in der Hand kompetenter Lehrer einen sinnvollen Zugang zum Yoga erlaubt. Allerdings sollte schon seine Kürze - drei Worte - ein Hinweis darauf sein, dass es sich um eine klare, einfache Sache handelt. Eigentlich geht es dabei um einen Zustand, in dem es nichts zu tun gibt.
Weil das für uns unvorstellbar ist, liegt darin die Chance des Lehrers.

Der Lehrer muss zwischen *āsana* und *āsanas* unterscheiden.

Yoga-Sūtras II/46 und II/47 beschreiben als *āsana* eine absolut singuläre, in sich souveräne Übungsform; kein Eingriff ist nötig oder möglich, die Übung entwickelt und vollendet sich von selbst.

sthira-sukham āsanam //
Die Sitzhaltung ist fest und angenehm

prayatna-śaithilya-ānantya-samāpattibhyām //
(Dies gelingt) durch das Schwinden der Anstrengung und
durch das Versenken in das Uendliche.

Der eigenen Dynamik überlassen, erweitert sich *sthira-sukham āsanam*, der "Yoga der drei Worte" zu seiner vollen Gestalt.
Die Aufgabe des Lehrers besteht darin, auf die Autonomie des Verlaufs, das heißt, auf die scheinbar widersprüchliche Tatsache des Durchwanderns der acht Glieder bei gleichzeitigem Verweilen in der Sitzhaltung, aufmerksam zu machen.
Außerdem ist *āsana*, das dritte Glied von *aṣṭāṅga*, dem achtgliedrigen Weg, in dieser - ebenfalls eigenständigen - Weise, der Ursprung für die nächsten Glieder.
Fehlt *āsana* (Singular), entstehen weder *prāṇāyāma* noch die folgenden Glieder.
Auch *samādhi*, der höchste Zustand, ist eine Folge des Stillhaltens in *āsana*.

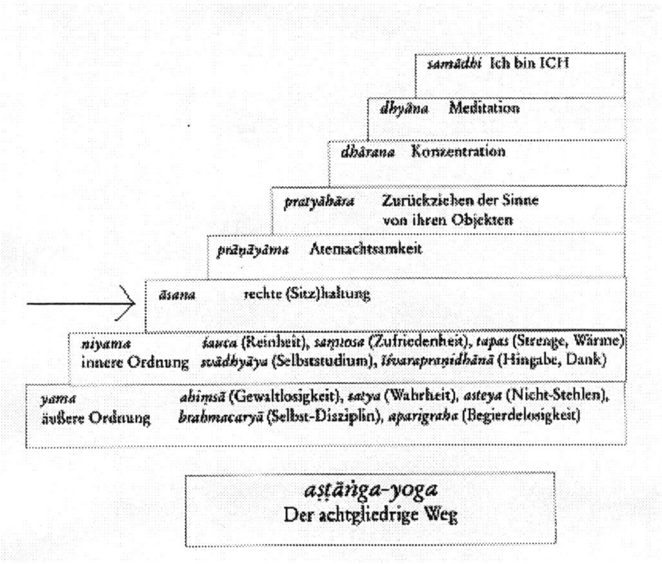

Der Pfeil in unserem Diagramm zeigt in das Übungsglied *āsana* und markiert den Einstieg zum Durchschreiten von *aṣṭāṅga.*

Erst mit der als *dhyānaja citta* bezeichneten Änderung der Verfassung unseres Gemüts ist ein Verständnis für *yama* (die äußere) und *niyama* (die innere) Ordnung des Yoga überhaupt möglich. Der Zustand *dhyānaja citta* wiederum kann ohne die beim Durchwandern von *aṣṭāṅga* entstehende Erfahrung nicht erreicht werden.

Eine Parallele zur dynamischen Selbständigkeit des "Sitzens an sich" kennen wir vom Zazen, dem "Sitzen in Versunkenheit", des Zen-Buddhismus.

Die wichtigste Aufgabe des Yogalehrers ist es, herauszufinden in welchem Entwicklungszustand sein Schüler ist, ihn darin zu bestätigen und zur besinnlich-sitzenden Entwicklung ebenso zu ermuntern wie zur Übung der *āsanas* und - vor allem - zur Unterscheidung zwischen beiden.

Yoga-Schule Stuttgart

Die Verborgenen Pforten zum Yoga

Wie, Wann, Was, Wo, Warum üben wir (im) Yoga

Zuerst sollten wir wissen: Yoga hat nichts
mit dem Wie der Handlungen des täglichen Lebens zu tun.
Und:
Den Yoga zu üben bedeutet das Aufheben
der Sperre gegenüber der angeborenen
Fähigkeit der Lösung und des Verzichts.

Yoga folgt seinen eigenen Gesetzen

Vielleicht ist ein Beispiel nützlich:
Es ging um den Text auf dem wöchentlich neuen Übungsblatt, besonders darum, wie wir mit diesem Text umgehen.
Ich wollte der Schülerin erklären, wie das geschieht. Darauf bekam ich die Antwort, sie sei schließlich Lektorin in einem großen Verlag und wisse, wie man liest. Es hat dann eine Weile gedauert, bis wir uns geeinigt haben, dass Lesen nicht gleich Lesen ist.
(Dabei habe ich gelernt, wie man die Zeitung liest.)

Wie üben wir?

In Indien ist das "Wie" des Übens klipp und klar in den Yoga-Sūtras festgelegt, welche in der Sanskritsprache verfasst sind. Wenn wir davon abweichen (müssen), weil wir in einem anderen Kulturkreis leben, müssen wir uns die Tatsache, etwas verändert zu haben, gut merken, damit nicht ein Kompromiss dem anderen aufgestockt wird.
Deshalb sagen wir oft: "Wir leihen uns erst einmal ein deutsches Wort", einen Begriff, der wenigstens annähernd die Bedeutung des gemeinten Yogabegriffs wiedergibt. Und dieses Ausleihen hat bei dem Text, den wir hier lesen, schon begonnen, denn selbst das Wort "Üben" ist geliehen.
Yogaworte in der Sanskritsprache sind, stärker als im Deutschen, eingebunden in eine Folge von Worten, erst ihr begrifflicher und klanglicher Zusammenhang mit vorausgehenden und nachfolgenden Worten ergibt ihren Sinn.
Der Begriff "Üben" - in unserem Denkstil - kann beliebig gebraucht werden, der entsprechende Sanskritbegriff *abhyāsa* (Yoga-Sūtra I,12) jedoch ist innig an seinen Zusammenhang gebunden.Wir können uns darauf verlassen, dass wir im Laufe der Zeit das geliehene Wort mit Dank zurückgeben und aus eigener Erfahrung wissen, was das Original-Sanskritwort meint.
"Wie wir üben" heißt also, wir fangen dort an, wo wir stehen, und sind darauf gefasst, dass sich vieles - in uns und um uns - ändern, bessern, korrigieren wird.

Wenn sich Yoga auf das Alltägliche des Körpers, der Familie, der Arbeit usw. auswirken soll, muss sein Übungsfeld vom Alltag abgesetzt sein.Anders ausgedrückt: Die Wege des täglichen Lebens bestimmen wir (größtenteils) selbst. Im Yoga üben wir jedoch nach Anweisung. Auf der Matte gelten nicht die mitgebrachten Spielregeln. Unsere Chance besteht darin, neue Regeln wirken zu lassen.
Weil aber keinem Menschen zugemutet werden kann (und zugemutet werden sollte), blindlings einem - vielleicht sogar berühmten - Lehrer sein Vertrauen zu schenken, ist Kontrolle nötig. Kontrolle im Yoga ist Studium.
Es gibt genügend - leicht verstehbare - Primärliteratur, anhand welcher sich der Übende von der Seriosität seiner Schule überzeugen kann. Der seriöse Yogalehrer wird über seine Tradition Auskunft geben und entsprechende Studien veranlassen.

Wann üben wir Yoga?

Lange bevor wir uns mit dem Was (wir üben) beschäftigen, treten wir der Frage "Wann wir üben" näher. Wir wissen aus langer Erfahrung, dass bei diesem Thema die Schmerzgrenze schnell erreicht ist.
Was für alleinstehende Menschen noch akzeptabel sein mag, ist für jene, die in Partnerschaft leben - also die Mehrzahl der Übenden - fast unmöglich.
Die Rede ist von *brahma-muhūrta* (Yoga-Lehrbriefe Nr. 20 und 41), der Stunde Brahmas, der Stunde vor Sonnenaufgang als idealer Übungszeit. Der frühe Morgen ist jedoch ein Zeitpunkt, der auch im sozialen Miteinander große Bedeutung hat. Menschen, die miteinander leben, wachen gern miteinander auf und beginnen den Tag gern gemeinsam. Die Yoga-Schule wird sich hüten in diese Bräuche einzugreifen. Gleichwohl können wir die Chance von *brahma-muhūrta* nicht einfach ignorieren.
Weil der hier geschilderte konfliktträchtige Zustand typisch ist, holen wir etwas weiter aus: Konflikte entstehen ja nicht nur im Yoga. Im Für und Wider der Umstände des äußeren und sozialen Lebens, auch im Körper und Gemüt, sind wir oft hin- und hergerissen.
Der Unterschied ist dieser: Auf dem Yogaweg weichen wir Konflikten nicht aus, sondern machen sie zum Gegenstand unseres Übens.
Die morgendliche Übungsstunde bietet eine gute Gelegenheit zur Erprobung jener starken, sich weithin auswirkenden Technik: Wir nennen sie die "Kunst des ersten Kompromisses".
Die These: Es macht sich zwar bezahlt, kompromissbereit zu sein, jedoch nur, wenn die Ausgangssituation dabei in Erinnerung bleibt.
Deshalb ist es gängige Praxis der Yoga-Schule, Kompromisse aller Art als feine und sanfte Exempel einzuüben. Im konkreten Fall des morgendlichen Übens wird sich eine annehmbare Lösung dann finden, wenn der übergeordnete Aspekt des Wohlbefindens aller Beteiligten im Blickfeld bleibt.
Wer *brahma-muhūrta* erprobt hat, wird das damit verbundene Befinden nicht mehr missen wollen.

Was üben wir im Yoga?

Was mit Üben im Yoga gemeint ist, ist nicht dem Ermessen des Übenden überlassen. Das zwölfte und dreizehnte Sūtra im ersten Kapitel der Yoga-Sūtras beschreibt den Sinn des Übens verbindlich:

abhyāsa-vairāgyābhyāṃ tan-nirodhah I,12
Die Stilllegung (der citta-vṛttis erreicht man) durch Übung
und Leidenschaftslosigkeit.

tatra sthitau yatno'bhyāsaḥ I,13
Die Bemühung, dort (beständig) zu verweilen, (ist) Übung.

Der Sinn dieser beiden Sūtras wiederum zielt in die Richtung der entscheidenden ersten vierzehn Worte. Und die Art unseres Umganges mit diesen (vierzehn) Worten öffnet die Tür zum Yoga oder hält sie verschlossen:

atha yoga-anuśāsanam I,1
yogaś citta-vṛtti-nirodhaḥ I,2
tadā draṣṭuḥ svarūpe'vasthānam I,3
vṛtti-sārūpyam itaratra I,4
Nun, die Disziplin des Yoga.
Yoga (ist) die Stilllegung der *citta-vṛttis.*
Dann ruht der Seher in der eigenen (wahren) Natur.
Sonst (gibt es) Identifizierung mit den *vṛttis.*

Geübt wird zuerst mit dem Wort, dann, vom Wort her, mit dem Bild und dann
- in der Darstellung des Bildes -mit dem Körper.
Das Wort wird gesprochen: erst "a"- dann "*atha*", dann "*yoga-anuśāsanam* "und so weiter.

Wo üben wir Yoga

Im Laufe der Zeit übt der Yogi immer und überall - es kann ja keinen besseren Standort geben als den jeweils eigenen: "Nur im Ich-Bereich unserer Orientierung sind wir noch nicht, was (und wo) wir eigentlich schon immer sind."
Deshalb - zur Orientierung, zum Üben - brauchen wir einen besonderen Ort, einen bestimmten und vertrauten Ort. In den klassischen Yogaschriften lesen wir, dass es ein stiller, ruhiger und sauberer Platz sein soll, wo ein Tigerfell auf dem Boden liegt und wo wir allein sind. Wir sollten uns durch das mögliche Fehlen des Tigerfells nicht stören lassen, denn die anderen Elemente sind gar nicht so schwer erreichbar.
Natürlich gilt auch hier das Wort vom Kompromiss. Sicher ist ein besonderer Raum ideal, aber keine Bedingung. Ein fester Platz im Wohn- oder Schlafzimmer ist ebenfalls geeignet. Viel wichtiger ist es, den Übungsplatz durch Gewohnheit und Wiederholung mit Atmosphäre auszustatten. Die Idee, sich dorthin ungestört zurückziehen zu können, wird dabei helfen.
Geschlossene Augen, entsprechende Bekräftigungsformeln und Geduld haben in vielen Fällen zunächst für Annahmebereitschaft für das Vorhandene und von dort her - ohne neues Bemühen - für Veränderung zum Besseren gesorgt.

Warum üben wir Yoga

Am einfachsten lässt sich die Frage "warum wir üben" beantworten, indem wir erklären, aus welchen Gründen wir nicht üben, nämlich: Aus Gründen der Zweckmäßigkeit.

Wahrscheinlich sind aber gerade zweckgebundene Überlegungen für die meisten Menschen der Grund mit dem Yoga zu beginnen. Gestützt auf vielerlei Informationen, haben sie gegenüber dem Yoga eine ganz bestimmte Erwartungshaltung entwickelt. Wahrscheinlich sahen sie keinen Anlass ihre Quellen auf Kompetenz und deren Angaben auf Stichhaltigkeit zu überprüfen. Es sei denn, Interessenten hätten ganz allgemein Zweifel, ob z.B. Medien, die den Yoga empfehlen, gründlich genug recherchiert haben.
Aber auch privaten Meinungen wie "oh, Yoga hat mir gut geholfen", sollte mit Skepsis begegnet werden. Ohne Frage gibt es bei uns viele Menschen, denen der Yoga oder abgeleitete Methoden gut getan haben. Es gibt sogar Studien, die grundsätzlich bei allen Heilungsabläufen einen dem Yoga analogen Effekt erkennen. Das liegt daran, dass der Yoga an sich - abseits von Übungen - ein der Natur innewohnendes Geschehen ist, auch wenn der Name nicht genannt wird.

Und damit schließt sich schon der Kreis unserer Frage "Warum üben wir Yoga?"
Es liegt auf der Hand, dass mit "üben" eine ganz bestimmte Übungsdisziplin gemeint ist - diese aber kann kaum jemand kennen oder vermitteln -, der sie nicht selbst angemessen praktiziert. Die Frage bleibt also bestehen: Warum, wenn nicht aus selbstverständlicher Zweckmäßigkeit, sollten wir üben? Darauf jedoch sollte der Yogalehrer eine Antwort bereit haben und zur Praxis einladen.

Yoga-Schule Stuttgart

Die Verborgenen Pforten zum Yoga

prāṇa

Ein Intellektueller mag fragen: "Wie können die verschiedenen Krankheiten mit nur einem Heilmittel kuriert werden?"
Die Antwort lautet: "Die verschiedenen Lebensbereiche und Systeme des Menschen sind ineinander verzahnt und reagieren als Einheit. -
Der Mensch geht, spricht, ißt, trinkt, schläft usw. mit nur einer Lebensenergie: *prāṇa.*"
Ma Yoga Shakti

SHAKTI SANT SHIROMANI
MAHA MANDALESHVAR MA YOGASHAKTI
SARASVATI

Ma Yoga Shakti Sarasvati ist eine Initiierte im höchsten Rang, den die Inder *mahāmandaleśvara*, Herr(in) des großen Kreises, nennen.

Dürfen wir ihre Antwort erweitern und auf andere Probleme ausdehnen?

Yoga-Schule Stuttgart

Die Verborgenen Pforten zum Yoga

prāṇa

Gegen die Behinderung der Selbstheilkraft, Beispiele
aus der Yogapraxis nach Yesudian

Selvarajan Yesudian wollte nicht Urheber eines Yogaweges sein - verhindern konnte er das in ihn gesetzte Vertrauen aber nicht. Wir sind in der glücklichen Lage ihn gekannt zu haben. Er hat uns die verborgene Selbstheilkraft unseres Wesens gezeigt. Wo der Augenschein die Wirklichkeit verdeckt, hat er unsere inneren Augen geöffnet.

* Die Selbstheilkraft der Zeit *(kāla}*
Yesudian konnten wir uns anvertrauen. Wenn er sagte: "Die Zeit steht still", mussten wir nicht um unseren Verstand bangen.
Aber, Yesudian musste sich - auch in diesem Fall - darauf beschränken, ein Prinzip durch ein Beispiel zu zeigen.
Während sein Wort auf uns wirkte, gingen unsere Uhren natürlich weiter. Doch wer vertrauensvoll und besinnlich in seinem Stil übte, fand sich bald bei der Frage wieder, was wohl die Worte des Lehrers im Verhältnis zum Augenschein meinen. Und wer weiter offen blieb, bemerkte, dass die gefundene Frage im Laufe seines Studiums und seiner Praxis mehr und mehr an Gewicht und Gesellschaft gewann: Nichts ist nur so wie es aussieht.

* Die Selbstheilkraft der Körperübungen *(āsanas)*
In der täglichen Übungspraxis ist *trikonāsana* nicht nur eine Drehübung mit Wirkung auf das Rückgrat und die Nervengeflechte, vielmehr führt der Klang des Namens in bisher nur undeutlich wahrgenommene Schichten unseres Wesens.

* Die Selbstheilkraft des Wissens *(vid)*
Der Übende studiert und erlebt, dass das Wort *avidyā* im dritten Sūtra des zweiten Kapitels der Yoga-Sūtras des Patañjali nicht Nichtwissen im Sinne von Ignoranz bedeutet.

* Die Selbstheilkraft der Arbeit *(karma)*
Auch außerhalb des formalen Übens stellen sich Fragen nach Sinn und Bedeutung ganz neu. Fast aufdringlich im Bereich von *karma-yoga*. Das Thema erzwingt durch seine soziale Präsenz eine gewisse Beachtung. Der Übende muss sich gegen den Eindruck schützen, dass Arbeit zuerst eine auf materiellen Ertrag gerichtete Tätigkeit sei.
Karma-yoga, der Yoga der Arbeit - auch Arbeit schlechthin - lehrt uns, dass dieser Weg im ausgewogenen Verhältnis zu den anderen Fähigkeiten der menschlichen Natur steht. Um seinen Weg zu gehen und sein Ziel zu erreichen bedarf der Mensch mehr als der Arbeit.
Svāmi Vivekānanda, der Wegbereiter des Yoga in den Westen, hat außer dem *karma-yoga* drei weitere Yogawege genannt: *bhakti-yoga*, den Yoga der Hingabe und Liebe, *jñāna-yoga*, den Yoga der Erkenntnis und *rāja-yoga*, den Yoga der Beherrschung, die Yoga-Sūtras.
Die Ratlosigkeit der Akteure auf der politischen Bühne im Umgang mit "Arbeit" weckt Hoffnungen.

* Die Selbstheilkraft der Suche *(vicāra)*
Die Frage nach dem tieferen, dem prinzipiellen Sinn unseres Seins und dem aller Erscheinungen ist schon im Wesen des Menschen begründet. Die Frage als solche ist das Kernanliegen des Menschen. Dass die Frage verschüttet ist und/oder auf von anderen eingesetzte Ziele umgelenkt wird, heißt weder, sie ist nicht vorhanden, noch, sie kennt ihre Richtung nicht mehr.

* Die Selbstheilkraft der Unterscheidung *(viveka)*
Repräsentiert wird die Frage nach dem Sinn durch die unauslöschliche Funktion des Zweifels, welcher in *dvaita*, der existenziellen Zweiheit, seinen Ursprung hat. Und sie wird unkenntlich gemacht durch den Anspruch anderer, den eigenen Zweifel auszuräumen. Andere bieten Ersatz an gegenüber der eigenen Ergründung der Identität (*vicāra*, Yoga-Sūtra I,17). Vielfach versiegt der vitale Zweifel aber auch durch den Verzicht des Zweiflers auf *viveka*, die Kunst der Unterscheidung (Yoga-Sūtra II,26 und II,28).
Der Yoga gebietet dem Übenden, von seinem eigenen Recht auf *vicāra* und *viveka* Gebrauch zu machen.

* Die Selbstheilkraft der Identität *(viveka)*
Menschen, deren Wissen und Wissenschaften wir heute lernen (müssen), müssen ja auch einmal grundlegende Erfahrungen gemacht, bzw. dafür ihrerseits auf Dritte zurückgegriffen haben. Mit der Übernahme und bloßen Weiterentwicklung solcher Erfahrungen - ohne Rütteln an deren Basis und Technik - ist der Mensch unserer Zeit nicht mehr einverstanden. Er will Wissen selbst erfahren, er will Techniken lernen. Er will durch eigene Erfahrung zu seinem eigenen, nativen Wissen *(sahajajñāna)* gelangen. Und er will es auch dann, wenn dieser Prozess mit Schmerz und Leid verbunden ist. Deshalb begegnen wir heute oft Menschen mit mühsam aufrecht erhaltenem Blick auf die Traditionen des Wissens und dem gleichzeitigen Versuch, in geschickter Weise mit ihren Zweifeln daran umzugehen.
Der Übende im Yoga wird erfahren, dass die verschiedenen Arten seiner Zweifel in einen einzigen münden. Das heißt, dass er sich erst in seiner Zweiheit erkennen muss, bevor er sich in seiner Einheit findet.
Die Selbstheilkraft von *viveka* ist Unterscheidung - zwischen dem, was vergänglich, und dem was nicht vergänglich ist - und klärt unsere Meinung von unserer eigenen Identität. Bei einem so hohen Anspruch nützt nur eine einfache, unkomplizierte Technik, sie enthält Frage und Antwort in einem: *SO´HAM.*

Yoga-Schule Stuttgart

Die Verborgenen Pforten zum Yoga

Eine Sommerschule

Die Idee stammt von Selvarajan Yesudian und wurde von unserer Schule fortgesetzt, in diesem Jahr zum 35. Mal. Während einer Woche pflegen wir - noch intensiver als sonst - den Umgang mit der Yogalehre. Bei dieser Gelegenheit spiegeln sich die Ereignisse und Themen des täglichen Lebens im Üben und Studieren der Lehre wieder, mancherlei Beschwerden lösen sich auf oder werden auf den Weg zur Lösung gebracht.
Die Teilnehmer, in diesem Jahr wieder über dreißig, sind meist langjährig Übende und kommen aus Stuttgart und Umgebung, sind aber auch eigens vom Bodensee, aus Nord- und Westdeutschland, sogar aus Südfrankreich angereist. Alle nehmen lebhaft am Unterricht und dessen Gestaltung teil. Mehr als die Hälfte sind selbst Yogalehrer, ihre aktuellen Erfahrungen und Probleme sind wichtiger Gegenstand der Frage- und Antwortstunde.
Diese Unterrichtsstunde wird auch stark belebt durch das unterschiedliche Interesse der verschiedenen vertretenen Berufsgruppen. Lehrer, Sozialarbeiter, Ingenieure, Computerfachleute, Wissenschaftler, Juristen, Physiotherapeuten, Künstler und Hausfrauen -männer sehen im zunehmenden Maß einen Zusammenhang ihrer praktischen Arbeit mit ihrem spirituellen Hintergrund.
Den anspruchsvollen Erwartungen der Teilnehmer stand ein ebenso anspruchsvolles Programm der Schule gegenüber. Wir haben ins Volle gegriffen und eine Kernfrage des Yoga zum Hauptthema gemacht: "Der Yoga ist - wodurch wird er behindert". Oder griffiger: "Gegen die Behinderung der Selbstheilkraft. Beispiele aus der Yogapraxis nach Yesudian". Jedem stand ein Ausdruck der Internetseiten unserer Schule (yoga-direkt.de) mit den Titeln "*prāṇa*" und "*prāṇa* Beispiele" zur Verfügung.
Gleich zu Beginn wurde auf zweierlei hingewiesen: dass sich die in Rede stehende Heilkraft auf alle Lebensbereiche bezieht und dass, wenn es sich um medizinische Fragen handelt, der Yoga kein Ersatz für ärztliche Hilfe ist.
Im Ausdruck war eine kleine Anzahl besonders zutreffender Gebiete wie Körperübungen, Vertrauen - Selbstvertrauen, Arbeit - der Arbeitsmarkt, "Wissen", vorgegeben worden, sie fand reichlich Ergänzung aus dem Kreis der Übenden. Heilungsbedarf und -bereitschaft gibt es schließlich überall.
Was allerdings, zumindest in alltagsbezogener praktischer Hinsicht, für manche nicht ganz präsent war, summierte sich im eigentlichen Thema der Sommerschule (und in der eigentlichen These des Yoga), nämlich: Heilkraft wird nicht produziert, sondern ihre Behinderungen werden geschwächt. Ein gewisser Mangel an vertieften Kenntnissen der Yoga-Sūtras des Patañjali trat dabei zu Tage. Der Lehrer hatte anhand von Beispielen Gelegenheit auf Antworten in den Sūtras hinzuweisen, wo es sich um scheinbar ganz andere Zusammenhänge handelt.

Aus diesem Grund wurde die Aufmerksamkeit auf den Modellcharakter der Parallele zwischen der Gleichgewichtsfunktion im zweiten Sūtra des zweiten Kapitels *(samādhi-bhāvanā-arthaḥ kleśa-tanūkaraṇa-arthaś ca)* und dem Gleichgewichtszustand zwischen dem dritten und vierten Sūtra des ersten Kapitels *(tadā draṣṭuḥ svarūpe'vasthānam/vṛtti-sārūpyam itaratra)* gelenkt, wobei das wirksame Prinzip als Muster auch für andere Probleme sichtbar wird.
Bei diesen Themen stellte sich erneut heraus, dass es an entscheidenden Stellen keinen Ersatz für Sanskritbegriffe gibt, dass ihre Aussprache nicht nur der Bezeichnung, sondern auch der Wirkung dient, dass, wenn der Umgang mit dem Personalpronomen "ich" nicht geklärt ist, der ganze Yoga schief hängt.

Die Yogalehrerin und Verlegerin Jutta Zimmermann hat sich dieses Problems besonders angenommen. Sie hatte Gelegenheit in ihrem und im laufenden Unterricht auf Korrektheit und richtige Aussprache der Sanskritworte hinzuweisen. An Ort und Stelle hat es sich gezeigt: das rhythmische Sprechen der Sanskritworte bewirkt inneren Rhythmus, auch der Organe. Die Schönheit und Leichtigkeit der Sprache läßt sich schon mit dem Intonieren weniger Worte erleben.

Unsere Sommerschule findet bei den freundlichen Gastgebern einer sehr großen, weiträumigen Anlage - mit Schulen, Seminarstätten usw. - in der Nähe von Tübingen, direkt am Rande des Schönbuchs statt.
Zum Tagesablauf der Veranstaltung wäre noch zu sagen, dass wir um sechs Uhr mit einer Stunde Meditation beginnen, dann eine Stunde *āsanas* üben. Nach dem Frühstück folgt der Unterricht bzw. die Frage- und Antwortstunde. Der eineinhalbstündige Spaziergang durch die Wälder des Schönbuchs schließt den Vormittag ab. Der Nachmittag beginnt mit einer "Offenen Stunde", die von den teilnehmenden Lehrern gestaltet wird. Dann üben wir, unserer Tradition gemäß, Yoga-Nidrā. Am Abend wird rezitiert, dieses Mal die *Iśāvāsya Upaniṣad*, in Deutsch und Sanskrit. Offiziell klingt der Abend aus mit einer Meditation und setzt sich, mehr privat, noch ein Stündchen am Kaminfeuer fort.

Yoga-Schule Stuttgart

Die Verborgenen Pforten zum Yoga

Yoga-Nidrā

Für jeden am Yoga Interessierten sollte die erste Übungsstunde Yoga-Nidrā heißen. Natürlich lassen sich auch bei Yoga-Nidrā die eigentlichen Yoga-Elemente verwischen, jedoch nicht so leicht wie bei der beliebten, so genannten Hatha-Yoga-Stunde.
Die schwierige Aufgabe, einem intellektuell ausgerichteten Menschen den Yoga nahe zu bringen, besteht darin, ihn mit dem Prinzip "Kopfstand" vertraut zu machen. Mit Kopfstand wohlgemerkt, nicht mit *śīrṣāsana,* jener Haltung, bei der die Füße oben sind und der Kopf unten. Die Körperhaltung *śīrṣāsana* kommt später, erst muss - der guten Ordnung halber - das Prinzip eingeführt sein. Denn zuerst muss bekannt gemacht werden, dass die meisten Begriffe unserer vertrauten Welt im Yoga buchstäblich auf dem Kopf stehen.
Ein gutes Beispiel dafür ist Yoga-Nidrā. Dort wird, unter anderem, deutlich, dass der Traumzustand ein höherer Bewusstseinszustand ist als der des Wachseins. Und, dass das "wache" Träumen, also Yoga-Nidrā, noch einmal einen höheren Stand einnimmt.
Die Māṇḍūkya Upaniṣad, die sich mit den verschiedenen Zuständen des Bewusstseins beschäftigt, drückt es deutlich aus:

so'yam ātmā
adhyakṣaram oṃkāraḥ
adhimātraṃ
pādā mātrā mātrāś ca pādā
akāra ukāro makāra iti // 8 //

Das Selbst (ist)
unter den Klängen das OM.
Unter den Teilen (sind)
die Füße die Teile und die Teile die Füße:
das A, das U, das M.

jāgarita-sthāno vaiśvānaraḥ
akāraḥ prathamā mātrā
āpteḥ ādimatvād vā
āpnoti ha vai sarvān kāmān
ādiś ca bhavati
ya evaṃ veda // 9 //

Vaiśvānara, der Stand des Wachseins,
ist der Erste Teil, das A:
weil A alles durchdringt,
weil A Anfang ist.
Wer solches weiß,
erlangt fürwahr alle Wünsche
und wird der Erste.

svapna-sthānaḥ taijasaḥ
ukāro dvitīyā mātrā
utkarṣād ubhayatvād vā
utkarṣati ha vai jñāna-santatiṃ
samānaś ca bhavati
nāsyābrahmavit kule bhavati
ya evaṃ veda // 10 //

Taijasa, der Stand des Traumschlafs,
ist der zweite Teil, das U:
weil U höher ist,
weil U beiden ähnlich ist.
Wer solches weiß,
erhöht fürwahr sein Wissen
und wird allem gleich.
In seinem Haus ist keiner,
der brahman nicht kennt.

Taijasa, der Stand des Traumschlafs, ist der Höhere.
Wer solches weiß, erhöht fürwahr sein Wissen...

Natürlich wäre es für alle Übenden gut, wenn sie den gesamten Text der Upanishad, die Mantras 1 bis 12 samt Anrufung, kennen würden.

Wir müssen uns entscheiden was wir wollen: Im Stand des Wachseins (d.h. nach westlichem Verständnis) etwas über Yoga-Nidrā (den Yoga schlechthin) erfahren oder im Zustand *taijasa (dhyānaja citta)* den Yoga-Nidrā (Yoga) erleben zu wollen. Beides geht natürlich auch, aber nicht gleichzeitig.
Seit mehr als dreißig Jahren üben wir Yoga-Nidrā in unserer Schule. Den Text der Upanishad rezitieren, chanten wir sowohl in Deutsch als auch in Sanskrit. Das ist eine wirksame Vorbereitung für den Heilschlaf und eine ausgezeichnete Übung in sich selbst.
Der Begriff "Heilschlaf" ist im weitesten Sinn zu verstehen; man muss nicht krank sein, um ihn zu praktizieren, zu genießen, um sich "heil zu schlafen". In einer etwas veränderten Form wird der Heilschlaf heute oft als "Autogenes Training" ausgeführt, welches Prof. H.J. Schultz auf der Basis von Yoga-Nidrā entwickelt hat.
In der klassischen Weise, wie wir Yoga-Nidrā von Ma Yoga Shakti Sarasvati übertragen bekommen haben, werden vom Lehrer Texte nach ganz bestimmten Regeln gesprochen. Der Lehrer muss das Verhalten der Patienten und Übenden genau beobachten. Sein Verständnis muss sich auf ihre Reaktionen und Nichtreaktionen erstrecken.
Der Zeitraum für das Programm sollte ausreichend lang bemessen sein. Der Zeitplan sollte Phasen der Annahme der Übung bzw. Therapie ebenso umfassen wie die der Ablehnung. Selbst wenn schon am Anfang spontane Erfolge eingetreten sind, ist damit noch nichts über den Gesamtverlauf gesagt.
Yoga-Nidrā wird vorteilhaft in der Gruppe geübt. Zur Übung selbst gehört die Möglichkeit, Fragen stellen zu können.

Die Verborgenen Pforten zum Yoga

Berufliches

Sie stehen, beruflich gesehen, täglich vor wichtigen Aufgaben.
Ich sehe es so und Sie sollten es auch so sehen - gleichgültig was Sie tun.
Ihre Arbeit ist wichtig, am wichtigsten für Sie selbst.
Ihre Arbeit ist so wichtig, wie Sie sie sehen.
Ist das nicht der Fall, müssen Sie etwas ändern.
Ich höre oft, man sei "unterfordert" oder "überfordert".
Beide Worte sind ein Hinweis darauf, die eigentliche Forderung nicht verstanden zu haben.
Bevor wir unsere Aufgabe daran messen, was uns von anderen zugemessen wird, müssen wir prüfen, was wir uns selbst zumessen.
Bevor wir nicht mit uns selbst im Reinen, im Rhythmus sind, können wir keine anderen Aufgaben lösen.
Jedem Lösungsversuch geht eine "Trockenübung" voraus, auch dann, wenn es sich um "reine Routine" handelt.
Trockenübungen sind imaginativ und zügig im Ablauf.
Routine gibt es nicht, jede Wiederholung hat neue Merkmale, wenn nicht außen, dann in meiner momentanen Betrachtung, in meiner Verfassung.
Alle Aufgaben haben einen gemeinsamen Ablauf: den Anfang, den Höhepunkt und das Ende.
Einen Anfang gibt es nur dann, wenn etwas zu Ende gegangen ist.
Liegt das Ende nicht bei der vorherigen Aufgabe, muss ein anderes Ende herbeigeführt werden.
Übungen, außerhalb äußerer Kontrolle, erfüllen dabei ihren Sinn.
Übungen - besonders Atemübungen - enden immer mit einer Pause.
Der Atem setzt sich selbst eine Pause - nicht der, der ihn empfängt.
Jeder Mensch empfängt seinen eigenen Atem und damit seinen eigenen Rhythmus.
Ohne meinen Rhythmus bin ich keiner Aufgabe gewachsen.
Mit dem wachsenden Bewusstsein in meinem Rhythmus wachsen meine Aufgaben.
Die wichtigste Aufgabe vollzieht sich - auch mit der beruflichen Perspektive - an mir selbst.
Dann werden auch andere Aufgaben zunehmend wichtig.
Meine Aufgaben hat kein anderer; meine Lösungen kennt kein anderer.
Der Lösung äußerer Aufgaben geht die Lösung innerer Aufgaben voraus.
Das ist wichtig - und bildet einen soliden Sockel für Karma-Yoga.

Yoga-Schule Stuttgart

Die Verborgenen Pforten zum Yoga

Fragen und Antworten

"Ohne Unterbrechung" sollte im Sinne von "regelmäßig" verstanden werden. Es ist offensichtlich, dass kein Übender, wie begeistert und aufrichtig er auch sein mag, in der Lage ist, vierundzwanzig Stunden am Tage - ohne Unterbrechung für seine Alltagsangelegenheiten - zu üben. Was deshalb gemeint ist, sieht so aus:
Er sollte regelmäßig jeden Tag - ohne nur einen Ausfalltag - üben.
Er sollte zu einem Zeitpunkt gemäß seinen eigenen Erfahrungen üben.
Er sollte - besser - zu einem Zeitpunkt üben, den ihm sein Lehrer als wesentliche Notwendigkeit für seine Entwicklung gegeben hat.
Auch das ist im praktischen Leben schwierig. Deshalb sollte verstanden werden, dass der Übende versuchen muss, so wenig wie möglich Unterbrechung in der täglichen Regelmäßigkeit zu haben. Es ist ganz offenkundig: je größer die Ernsthaftigkeit, desto geringer die Anlässe zur Unterbrechung.

Dr. P.V. Karambelkar in *Patañjala Yoga Sūtra*

Bei der hier (per email) gestellten Frage geht es um das - leicht gespielte - Verwundern des Lehrers über das Ausbleiben von Rückfragen den besten Übungszeitpunkt betreffend.

Frage: Noch etwas zu Ihrer Bemerkung, daß Sie keine Rückmeldung zum Text der letzten Woche bekommen haben.
Ja, der Text ist mir aufgestoßen. Aber, wenn ich die Übungsmatte verlasse, weiß ich solche Fragen, die der Text hervorruft, nicht mehr.
Außerhalb der Übungsstunde lese ich die Texte nicht. Sollte ich das tun?
Soll ich mir während der Stunde aufschreiben, wenn mir was an einem Text aufstößt?
Antwort: Damit sprechen Sie gleich mehrere wichtige Themen an: Zunächst zum Schritt auf die Übungsmatte und dem Schritt zurück in den Alltag. Diese zwei Welten, schon, sie als zwei Welten - mit je einer Identität - zu sehen, geschweige sie miteinander ins Gleichgewicht zu bringen, sie aneinander zu jochen, ist für uns Europäer schwieriger als für Inder. Denn es geht nicht schnell, nicht in dem von uns erwarteten Tempo. Im Nichterkennen des völlig anderen Zeitgefüges des Yoga liegt für mich die Begründung, sogar die Entschuldigung für die Reaktionsschwäche der Übenden auf gestellte Fragen und aufgetragene Übungen.
Zu verstehen, dass es zweier Identitäten bedarf um zur Einheit des "Ich bin ICH" zu kommen, bereitet uns Probleme - weil wir Erklärungen dafür haben wollen, statt einfach die Formel zu sprechen. Schreiben Sie sich also noch auf der Matte, oder im nächsten Schritt, direkt nach dem Verlassen der Matte, ein Stichwort auf. Bald werden Sie diese Hilfe nicht mehr brauchen, Ihr Erinnerungsvermögen wird sich ändern. Sie werden auch erfahren, welches Ich das wahre und welches sein Schatten ist.

F.: Sie sagen es gibt mehrere Punkte zu meiner Frage.
A.: Ja, denn was Sie da etwas salopp "aufstoßen" nennen, ist in Wahrheit ihr Kapital. Was Ihnen aufstößt, ist mehr wert als all das, was Sie von anderen gelernt haben. Geben Sie bitte Ihren Intuitionen einen besseren Namen. Und mit Kapital meine ich nicht nur monetäre Mittel. Viel mehr noch ist die Situation, von der wir sprechen, der Zeit- und Ausgangspunkt für die Erneuerung unseres Befindens und unserer Heilungen.
F.: Können Sie bitte den Zeitpunkt etwas schärfer fassen?
A.: Sicher, damit kommen wir zum Anlass Ihrer Frage zurück. Es ging dabei um die beste Übungszeit. Sie heißt brahma-muhurta, die Stunde Brahmas, die für uns leider problematische Zeit am ganz frühen Morgen. Es ist die Zeit in der der Traumzustand noch nicht ganz gewichen und der Wachzustand noch nicht ganz erreicht ist. Es ist der Zeitpunkt des Genius in uns selbst. Seit 1977 beschäftigen wir uns intensiv, praktisch und studienmäßig, mit dem Thema. Das Problem besteht darin, dass der Übende nach ein oder zwei Jahren Praxis noch nicht viel dazu sagen kann. Gelegentlich auftauchende gute Einfälle rechnet er mehr dem üblichen Zufall zu als dem, was ihm "zu fällt" - und wofür es eine Methode gibt.
F.: Was tue ich, am frühen Morgen, wenn mir nichts einfällt, keine Fragen, keine Antworten?
A.: Anfangs beobachten Sie den Atem. Später fragen Sie, wer den Atem beobachtet. Sie werden auch dafür Jahre brauchen, bis Sie in der Schlichtheit dieser Übung stabil geworden sind. Wie Sie eingangs sagten, "Sie" werden "nichts mehr wissen", wenn Sie zum Üben Platz genommen haben. Wenn "Sie" nichts mehr wissen, aber halbwach sind, ist das die Zeit und Gelegenheit Ihrer Intuitionen.

Yoga-Schule Stuttgart

Die Verborgenen Pforten zum Yoga

Fragen und Antworten
Sport und Yoga

Frage: Das Buch "Sport und Yoga" hat Selvarajan Yesudian geschrieben. Wir üben den Yoga nach der Methode Yesudian. Mich wundert, was der Sport mit dem Yoga zu tun hat. Können Sie mir darüber etwas sagen?
Antwort: Das ist ein komplexes Thema. Zunächst: das Buch wurde von Selvarajan Yesudian und Elisabeth Haich geschrieben. Das ist wichtig, weil dadurch sowohl östliche wie westliche Belange dargestellt werden, die auch in der Yogaschule der beiden Autoren Basis des Unterrichts waren. Das Buch ist eines der weltweit verbreitetsten Yogabücher (im Jahr 1984 war es bereits in 3000000 Exemplaren und 18 Sprachen erschienen). Weiter: bei dieser Gelegenheit muss ich davon sprechen, dass die beiden Autoren und Lehrer keine Methode begründet haben; wir, ihre Nachfolger, haben die Art und Weise ihres Unterrichts - mit seinen besonderen Merkmalen - die Methode Yesudian genannt. Wir wollen keine Verwechslung mit anderen Stilrichtungen. Schließlich: Yesudian war ein ergebener Verehrer Svami Vivekanandas, des Mannes, der am Anfang des zwanzigsten Jahrhunderts dem Westen die Augen für den Yoga geöffnet hat. Vor diesem Hintergrund ergibt sich nun eine Möglichkeit Ihre Frage zu beantworten.
F.: Das meiste, was Sie sagten, kannte ich bereits. Was ich immer noch nicht weiß, ist die Verknüpfung der Ideen Sport und Yoga.
A.: Man muss wirklich bei beiden zwischen der sie tragenden Idee und ihren modernen, ja modischen, Formen unterscheiden. Tut man das, liegen ihre Absichten nicht so weit auseinander. Beide Disziplinen stehen für Gesundheit und Tüchtigkeit des Menschen. Der Sport geht von außen nach innen, der Yoga umgekehrt von innen nach außen an diese Aufgabe heran.
F.: Wir machen doch aber auch im Yogaunterricht hauptsächlich Körper-, Atem- und Entspannungsübungen und sprechen dabei die beteiligten Teile des Körpers an.
A.: Stimmt. Und genau das nenne ich modisch. Nicht grundsätzlich, aber so wie es meist praktiziert wird und wie Sie es ja auch fragen.
F.: Gibt es nicht eine Übungsform, Haṭha-Yoga, die sich auf Körperübungen, Umgang mit dem Atem und Meditation beschränkt? Und wurde nicht gerade dieser Übungsstil von Yesudian/Haich unterrichtet.
A.: Genau an dieser Stelle beginnt der Irrtum. Yoga ist Yoga und Yoga, gleich in welcher Form, hat ein einziges Ziel - wozu Gesundheit und Tüchtigkeit Voraussetzungen sind:
kaivalya.

F.: Was ist *kaivalya?*
A.: Tun Sie sich und mir den Gefallen und lassen Sie das Wort vertrauensvoll unübersetzt. So wie es für das Wort Yoga viele Übersetzungen gibt, die Sie nicht kennen, so gibt es für *kaivalya* hunderte Übersetzungen - die alle nicht zutreffen. Sie vertrauen, mit einer gewissen berechtigten Vorsicht, auf das ja eigentlich auch unbekannte Wort Yoga, tun Sie einfach das gleiche mit dem Wort *kaivalya,* es erklärt sich Ihnen zur gegebenen Zeit von selbst.
F.: Ich hätte gern noch ein paar Vergleiche oder Unterschiede zwischen Yoga und Sport. Geht das?
A.: Gern. Wir sprachen von Svami Vivekananda. Dort ist der Schlüssel. Yesudian wusste natürlich, was wir nicht wissen, warum Svami Vivekananda dieser Name gegeben wurde. Das Wort *viveka* heißt Unterscheidung und Vivekananda heißt Freude/Wonne der Unterscheidung. Wenn jemand so benannt wird, muss das einen Grund haben. Der Grund liegt im tiefen Wissen des Weisen verankert und wirkt allein durch seine Existenz. Das Mittel auf dem Weg zu *kaivalya* ist Unterscheidung, die Unterscheidung zwischen dem, was vergänglich, und dem, was nicht vergänglich ist, zwischen dem, was ich zu sein scheine, und dem, was ich in Wahrheit bin. Und weil letztlich jeder Weg ein Stück des Weges zu *kaivalya* ist, ist *viveka,* Unterscheidung, überall wirksam bzw. anwendbar.
F.: Ich muss das genau haben. Im Sport und im Yoga gilt Unterscheidung als Technik und Maßstab?
A.: Sicher. Ein Beispiel: Der Sportlehrer unterscheidet, ob sein Schüler, bevor er ihn laufen lässt, imaginativ - das ist ein anderes großes Wort - schon über die hohe Latte gesprungen ist oder noch nicht. Und ebenso unterscheidet der Yogalehrer, ob sein Schüler in seiner *sādhanā,* seinem Yogaweg, gefestigt ist, bevor er ihm vertiefende Übungen gibt.
Bücher, wie Sport und Yoga, sollte man einige Male lesen, schon um den Grad der eigenen Entwicklung zu erfahren.

Yoga-Schule Stuttgart

Die Verborgenen Pforten zum Yoga

Übungen mit *cakras*

Bewusstseinszentren, Zentren feinstofflicher Energie mit (annähernden) Entsprechungen im grobstofflichen Körper des Menschen.
Der kundalinīyoga bezeichnet sieben *cakras* innerhalb des Hauptkanals der feinstofflichen Energie, der *suṣumnā.*
Um die Richtung zu beschreiben - also nicht die physische Wirklichkeit - werden die Anweisungen für die Übungen mit den *cakras* in die Nähe körperlich-grobstofflicher Bereiche entlang der Wirbelsäule gerückt.
Durch den übenden Umgang ergibt sich die Lokalisation und damit die Wirkung von selbst.
Die Übung besteht im Durchwandern aller *cakras* in einer Folge nach bestimmten Regeln.
Für unsere Verhältnisse passende und völlig ausreichende Methoden sind das Üben mit der Technik *SO`HAM* oder mit Yoga-Nidrā, am schönsten und sichersten jedoch mit Nāda-Yoga.

Die sieben *cakras*	Das Nāda-Yoga-System
sahasrāra	
ājñā	O
viśuddha	H
anāhata	Y
maṇipūra	R
svādhiṣṭhāna	V
mūlādhāra	L

Den Yogis zufolge ruhen in den *cakras* die im Laufe der Evolution erworbenen Erinnerungen. Deren autonome, energetische Steuerung bewirkt, dass wir situationsgerecht agieren und reagieren.
Übender Umgang bedeutet, dass unsere Aufmerksamkeit der Autonomie der *cakras* zugeordnet wird: Die *cakras* werden in einer Folge durchwandert. Dadurch erneuern die nachgeordneten physischen Systeme ihr Gleichgewicht.

Weil ich die Neigung zu Verwechslungen kenne, nenne ich an dieser Stelle nur ungern die vermeintlich die *cakras* ausmachenden Bereiche im Körper beim Namen:

mūlādhāra - Wurzelbereich, innerhalb und außerhalb des tiefsten Punktes der Wirbelsäule
svādhiṣṭhāna - Kreuzbeingebiet
maṇipūra - hinter dem Nabel
anāhata - hinter dem Herzen
viśuddha - hinter dem Kehlkopf, in der Nackenregion
ājñā und *sahasrāra*

Die hier genannten Entsprechungen stammen aus dem Übungstext Yoga-Nidrā, wo sie ihren Sinn erfüllen und ihre Berechtigung haben. Die beiden oberen *cakras* - *ājñā* und *sahasrāra* - sind durch ihre Natur jeglicher räumlicher Zuordnung entzogen. Interessant ist, dass - wenn schon - die Stammbereiche des Gehirns, besonders der Mandelkern *(Corpus amygdaloideum)* als *cakras* verstanden werden.

Vereinfacht ausgedrückt ist der Sinn des bewussten Umgangs mit den *cakras*, verborgene und verlagerte Kräfte mit geeigneten Mitteln anzusprechen und eine Eigenkorrektur im Gesamtsystem des Menschen zu bewirken.

Yoga-Schule Stuttgart

Die Verborgenen Pforten zum Yoga

Indologische Studien

Zweierlei kann man bei einem Spaziergang im Park der Universität Hohenheim wahrnehmen. Zuerst, man erlebt sich selbst neu unter den mächtigen Bäumen, neben zarten Pflanzen, man empfindet ihre Farben und Formen, ihre Düfte. Viele Exemplare, man kennt sie nicht einmal vom Namen her, schaffen eine besondere Atmosphäre. Die andere Wahrnehmung ist nicht atmosphärisch, sie ist rational; der Verstand will wissen, was das alles ist. Da sind die Namen, sie sind ebenso fremd wie die Pflanzen selbst. Nur die Botaniker haben gezählt, wieviel Schildchen sie in den Gärten bei den Gewächsen angebracht haben: mit Informationen, binominalen Benennungen, deutschen und lateinischen Namen, mit Bezeichnung der Gattung, der Art, dem Herkunftsland. Der Spaziergänger wird seine Aufmerksamkeit teilen müssen, in das, was er sieht, riecht und spürt, und das andere, was ihm die Schilder sagen, was er gern wissen möchte. Er wird unterscheiden müssen, welchem Bereich seine Aufmerksamkeit gilt.

Ähnlich geht es dem Wanderer in den Gefilden des Yoga. Die Welt des Ostens ist bunt, bunter noch als der botanische Garten. Die Menschen des Ostens unterscheiden zwischen der Bhagavad Gīta, mit ihrer bunten Vielfalt, die mit Szenen und Bildern den Weg zur Erkenntnis beschreibt und ihrem Gegenstück, den Yoga-Sūtras, die, ebenso deutlich auf Erkenntnis gerichtet, ohne ein einziges Bild auskommen. Zwar mit unterschiedlichen Mitteln, bunt oder karg, vermitteln beide doch die Atmosphäre des Erlebens. Sie sind nicht wie die Schilder bei den Pflanzen, deren Namen man lernt und dann kennt, sie sind wie der Duft, den man atmet, mit dem man sich selbst neu erlebt - der kommt und geht.

"Ich bin Arjuna." "Ich bin ein Baum." Teilhabe an der Existenz der einen oder der anderen Gestalt ist die Technik des Wanderers auf den Wegen des Yoga. Seine indologischen Studien haben ihm Informationen gegeben; er hat die Begriffe gelernt, die Namen gesprochen, sich über den Wohlklang seiner Stimme gefreut. Beim nennen des Wortes *vṛkṣāsana* hat er erst den Baum vor sich gesehen, zum Schritt, "ein Baum zu sein", hat ihm sein Körper verholfen, er war nicht mehr groß.

Die Verborgenen Pforten zum Yoga

nidrā

Ist der Tiefschlaf eine *vṛtti?* Der Versuch einer Antwort

abhāva-pratyaya-ālambanā vṛttir nidrā
Der Schlaf ist eine *vṛtti*, die auf der Vorstellung
(oder Wahrnehmung) des Nichtseins beruht.
Yoga-Sūtra I,10

jāgarita-sthānaḥ
Der Stand des Wachseins weiß um das Außen. Sein Merkmal ist *vaiśvānara*, das, was allen Menschen gemeinsam ist, was allen gehört.

svapna-sthānaḥ
Der Stand des Traumschlafs weiß um das Innen. Sein Merkmal ist *taijasa*, der Glanz (des Traumes).

suṣupta-sthānaḥ
Wo der Schlafende keinerlei Wunsch wünscht, keinerlei Traum träumt. Sein Merkmal ist *prajña*, das Wissen.

caturthaḥ
Der Vierte. Mit nichts zu vergleichen. Mit dem man keine Beziehung eingehen kann.

Wege, die endlos weiter gehen und/oder ausweglos sind, gibt es nur im Bereich des naturwissenschaftlich-linearen Denkens. Das ist *jāgarita-sthānaḥ*, der allen Menschen gemeinsame Zustand.

Der jedem Menschen eigene, individuelle Zustand heißt *svapna-sthānaḥ*, er umfasst den Tag- und Nachttraum. Er kennt immer Wege, Auswege.
Er ist voller Kreativität. Muse und Musikalität, Töne, Farben und Gestalten, Entdeckungen sind sein Element. Es ist der Bereich der philosophisch-zirkulären Denkformen.

Der allen Wesen eigene Zustand des reinen, unvermischten, ruhenden Wissens (um die eigene Identität) heißt *suṣupta-sthānaḥ*. Er kennt und braucht keine Wege, er ruht, wie und als sein Denken, in sich selbst.
In *suṣupta-sthānaḥ*, dem Tiefschlaf, ist sich der Mensch dessen und der ihn ausmachenden vṛttis nicht bewusst, kann sich jedoch daran erinnern, ihn gehabt zu haben, "geschlafen" zu haben.

Mit allen drei Zuständen identifiziert sich der Mensch: er wacht, träumt und schläft. Die Yoga-Sūtras nennen das Medium der Identifikation *vṛtti* (und gebrauchen damit ein unübersetzbares Wort). Die verschiedenen Zustände voneinander zu unterscheiden ist die Kunst der Yogis, ist der Yoga selbst. Die Technik der Yogis, diese zu bewirken, heißt *viveka*, die Kraft der Unterscheidung.

Völlig anders als die anderen ist der Zustand *caturthaḥ*. Er hat keine *vṛttis*, ist nicht erinnerbar, ist in den anderen als deren dimensionsloser Mittelpunkt enthalten. Ein Bild könnte es erklären: Der Punkt, an dem die Zirkelspitze einsticht, hat keine Abmessung, verhilft aber seiner Peripherie zu Form und Gestalt.

Die Frage nach dem Sinn des Yoga-Sutra I,10 wurde von einer langjährig Übenden gestellt. Weil sie sich nicht direkt beantworten lässt, wurde dazu die Struktur der Mandukya Upanishad, in der Übersetzung von Margret Distelbarth und der Auslegung der Yoga-Schule Stuttgart Rudolf Fuchs, herangezogen.
Das eigentliche Problem, das Fehlen der Deckungsgleichheit zwischen yogischen, überhaupt östlichen, und westlichen Begriffen muss extra dargestellt werden.

Die Verborgenen Pforten zum Yoga

Über den Umgang mit Kranken

Krankheit solo gibt es nicht - es gibt nur kranke Menschen (oder Tiere oder Pflanzen oder Systeme).
Mit kranken Individuen gehen wir um nach der Eigenart ihres individuellen Seins, nicht nach der Art einer/ihrer "Krankheit".
Im Yoga haben wir es mit allen Seinsweisen der Schöpfung zu tun.
Die verschiedenen Seinsweisen stammen aus unserem Bild der Schöpfung.
Der Mensch verkörpert in seinem Sein alle Seinsweisen der Schöpfung.
Alle Seinsweisen der Schöpfung sind Objekte des Entstehens und Vergehens, ebenso der Verletzung und der zugehörigen Heilung.
Nachdem wir unsere Betrachtungsweise korrigiert haben, fällt uns auf, dass der Begriff Krankheit nicht haltbar ist.
Anstelle von Krankheit erkennen wir Verletzlichkeit plus Heilung.
Verletzlichkeit und Heilung gibt es nur als paarige Einheit.
Verletzung und Heilung erleben wir in verschiedenen Formaten fast in jedem Moment.
Kleine und überschaubare Formate sind Lernvorgänge.
Kleine Formate brauchen, um als Lernvorgänge erkannt zu werden, eine Anzahl von Wiederholungen.
Alle Formate sind potentielle Opfer von Unachtsamkeit, Fehldeutung oder Fremdsteuerung.
Ist die Einheit "Verletzung und Heilung" als solche beschädigt, beginnt die Yogamethode von vorn: neue, in sich "heile Einheiten" werden in Form von "Übungen" eingesetzt.
Diese neuen Übungseinheiten müssen beide Elemente Verletzung und Heilung enthalten, (was oft missverstanden wird).
Bei der Übungseinheit sind die Fehler Unachtsamkeit, Fehldeutung und Fremdsteuerung nicht ausgeschlossen, aber wesentlich seltener.
Außerdem kann dieses eingesetzte Format überwacht und fast beliebig oft wiederholt werden.
Das eingesetzte Format enthält Verletzung, vermeidet jedoch die Verbindung mit dem Begriff Krankheit von Anfang an.

Yoga-Schule Stuttgart

Die Verborgenen Pforten zum Yoga

Fragen und Antworten

Unterschiede

Frage: Sie sprechen von der Yoga-Therapie und dem Yoga-Therapeuten. Wodurch unterscheidet sich die Yoga-Therapie von anderen Therapien?
Antwort: Der Unterschied besteht darin, dass der Yoga-Therapeut nur dort zur Heilung beitragen kann, wo er selbst gelitten hat.
F.: Wie lange dauert ein Behandlungsvorgang bei der Yoga-Therapie?
A.: Wenn es sich wirklich um Yoga-Therapie handelt, ist sie nicht getrennt vom Yogaweg. Das ist ihr Erkennungsmerkmal.
F.: Ist da nicht ein Widerspruch? Sie sagen oft, kein Mensch hat den gleichen Schnupfen wie ein anderer. Der Schnupfen, unter dem Sie gelitten haben, ist also ein anderer als der, den ich habe. Streng genommen können Sie also meinen Schnupfen nicht heilen.
A.: Seien Sie bitte noch strenger und noch näher bei unserer Lehre. Einen Schnupfen aus eigenem Recht gibt es nicht. Schnupfen - und alles andere in dieser Richtung - hat den Sinn, auf die erste Ursache hinzuweisen. Die Yoga-Therapie hat den Schritt anderer Therapien, dem Schnupfen - und allem anderen in dieser Richtung - Eigenständigkeit zu geben, nicht mitgetan. Yoga-Therapie repariert nicht, sondern zielt auf Erneuerung - über die erste Ursache hinaus. Ob der Hinweis nun aus Alltäglichem, wie einem Schnupfen, oder aus ganz besonderen Problemen entsteht, spielt keine Rolle.
F.: Also ist es zwischen Yoga-Therapeut und Patient nicht so wichtig, wie die Diagnose lautet.
A.: Richtig. Die Yoga-Therapie hat auch den Bedeutungswandel des Wortes gnosis in dia gnosis (dia [gr.] durch, hindurch; gnosis "Feststellen des Übels" statt [gr.] philosophisches Erfassen spiritueller Wahrheiten) nicht mitgemacht.
F.: Nur zur Bekräftigung: Der Yoga-Therapeut hatte also mit "der ersten Ursache" zu tun und kann nur von dort her zur Heilung beitragen.
A.: So ist es.

Unterschiede

F.: Noch ein Thema. In manchen Yogaschulen muss der Lehrer auf Fragen antworten, die auf Vergleiche mit anderen Methoden zielen. Zum Beispiel bei der Übung *uṣṭrāsana* will jemand den Kopf nicht in den Nacken legen, weil das laut anderer Meinung schädlich sei.

A.: Wenn die Yogalehrerin oder der Yogalehrer nicht schon beim ersten Unterricht deutlich sagt, dass die Übungen im Yoga nichts mit dem Verständnis von Gymnastik, Rückenschulen, Turnübungen und dergleichen zu tun haben, muss sie/er sich nicht wundern, dass solche Vergleiche angestellt werden.

F.: Können solche Erklärungen nicht auch noch später, im Laufe der Zeit, gegeben werden, wenn mehr Verständnis für den Yoga entwickelt worden ist?

A.: Deutlich nein. Einmal aus Fairness und außerdem ist es nur am Anfang ganz leicht zu erklären, dass der gesamte Yogaunterricht quasi darin besteht Unterschiede, diesen Unterschied, erkennen zu lernen. Anfänger sind zunächst einmal sehr neugierig auf "das Andere, das Fremde" im Yoga - man sollte sie nicht unnötig enttäuschen. Der kompetente Yogalehrer sollte einfach an die Frage erinnern, "wer denn den Kopf in den Nacken legt". Erklärungen auf der physiologischen Ebene sind fehl am Platz. Fehlt es allerdings auch beim Yogalehrer an diesem Wissen, muss die Frage nach dem Sinn der "Yoga"-Übungen erlaubt sein. Die Berufung darauf, es selbst - von wem auch immer - so gelernt zu haben, reicht nicht aus.

Yoga-Schule Stuttgart

Die Verborgenen Pforten zum Yoga

āsanas

imaginativ

Wir üben in unserer Vorstellung *āsanas*. Heute *śīrṣāsana*. In Gedanken knien wir und sitzen auf den Fersen. Wir spüren das Gewicht des Körpers auf den Füßen. Wir korrigieren noch ein wenig den Sitz und halten nun still. Wir prüfen die Haltung der Wirbelsäule und verbessern auch hier noch etwas - ganz tief unten in der Kreuzbeingegend. Nun haben wir die rechte Ausgangshaltung und stellen uns auf die Übung ein. Vor unserem inneren Augen entsteht schon jetzt die Form, die der Körper nun gleich einnehmen wird. Hochaufgerichtet sehen wir den Körper auf dem Kopf stehen. Sein Gewicht ruht sehr sicher mehr in der Schale der gefalteten Hände als auf der Stirn.

Und nun beginnen wir ganz einfach nachzuvollziehen, was unser inneres Auge deutlich sieht. Langsam beugen wir den Oberkörper aus den Hüften heraus nach vorn. Das Gesäß bleibt fest auf den Fersen, die Fäuste stellen wir übereinander und die Stirn sinkt auf die Fäuste. Wir halten an und leben uns ein - wir spüren den Atem ganz langsam und regelmäßig. Immer noch haben wir das Bild unseres hochaufgerichteten Körpers vor Augen. Nun der nächste Schritt: Die Stirn liegt jetzt mit dem Haaransatz auf dem Boden, die Hände sind gefaltet und stützen festanliegend den Kopf von vorn. Weiter atmen. Wir korrigieren die Lage der Ellbogen, sie sind nahe an den Knien. Und jetzt spüren wir Ellbogen und Stirn ganz fest auf dem Boden - unbeweglich, wie fest gewachsen. Jetzt tasten wir uns mit dem Bewusstsein in die Füße - in die Zehen. Die Zehen verstärken den Kontakt zum Boden und verrutschen nicht mehr. Wo die Zehen sind, kippen wir die Füße nach oben, so dass wir auf den Zehenspitzen stehen. Wir strecken die Beine, die Füße bleiben dabei, wo sie sind, das Gesäß hebt sich, bis die Beine ganz gestreckt sind. Nun laufen wir langsam an den Körper heran, bis Oberkörper und Gesäß senkrecht übereinander stehen.

Der Rest ist nichts anderes als Gewichtsverlagerung und muss als solche vollzogen werden. Wir verlagern also das Gewicht des Körpers ein wenig nach rückwärts und heben die Füße vom Boden. Diesen Ablauf setzen wir nun fort: Wenig den Körper - mit Schwerpunkt im Gesäß - nach rückwärts legen - mehr die Füße vom Boden heben. Weiter, höher. Nun sind die Oberschenkel senkrecht, die Unterschenkel noch gefaltet. Wir bleiben so für einen Moment, sichern das Gleichgewicht, und nun strecken wir langsam die Beine in den Knien bis fast in die Senkrechte. Sehr gut. Im Schwerpunkt des Körpers, in der Gesäßpartie, halten wir Gleichgewicht. Nun die Unterschenkel von den Knien aus durchdrücken und den Körper noch etwas mehr aufrichten. Sie stehen auf dem Kopf.

Atmen Sie tief, die volle Yogiatmung mit Bauch, Rippen und Brust. Gleichen Sie kleine Schwankungen mit dem Schwerpunkt und den Beinen aus. Sehr gut.

Wir kehren langsam zurück. Zuerst die Knie falten, Gewichtsausgleich mit dem Gesäß. Dann recht langsam den umgekehrten Weg gehen: Gewichtsverlagerung - Füße tiefer - ein Schritt nach dem anderen. Sie stellen die Füße nahe am Körper auf den Boden, falten den ganzen Körper ein - Fersensitz - Fäuste übereinander - Sirn auf den Fäusten - Ruhe - befreiende Atemzüge.

Yoga-Schule Stuttgart

Die Verborgenen Pforten zum Yoga

Die Methode Yesudian

Selvarajan Yesudian hat zwar viel geschrieben - "Sport und Yoga", das verbreitetste Yogabuch, stammt zum Beispiel aus seiner Feder - aber eine Übungsmethode Yesudian finden wir in seinen Schriften nicht. Yesudian hatte nicht die Absicht eine Methode zu begründen. Anders seine Schüler. Uns blieb nichts anderes übrig.
Ich hatte schon nach manchen Techniken geübt, angefangen mit Hans-Ulrich Riekers "Haṭha-Yoga-Pradīpikā", einem hervorragenden Lehrbuch, nicht nur für Körperübungen; dem einfühlsamen Buch "Die Macht der Entspannung" des Arztes H. Würthner. Sehr beeindruckt haben mich auch die Anweisungen und Auslegungen des Yogis Sachindra Kumar Majumdar in seiner Arbeit "Introduction to Yoga".
Am Freitag, den 20. September 1961, habe ich das erste Mal nach der Methode Yesudian geübt. Jetzt war alles ganz anders. Das andere daran war nicht nur die Gegenwart eines Lehrers, sondern die durchscheinende Anwesenheit des größeren Meisters. Herbert Hildebrand machte von Anfang an klar, an wessen Stelle er den Unterricht erteilt. Dieses Gefühl der Zugehörigkeit entwickelte sich im Laufe der Jahre zu einer soliden Basis für die eigene Entwicklung und die eigene Weitergabe des Yoga an Menschen, die ebenfalls auf der Suche waren.
Das entscheidend Besondere an Yesudians Methode zeigte sich in der Mitnahme der Übenden in die Gleichzeitigkeit von präziser, vordergründiger Klarheit bei der Ansage der Übungen und faszinierender Transparenz in die Tiefe: der Blick auf die nicht erklärbare, aber stets mitwirkende Idee der Lehre.
Zwei Beispiele: Weil die Übungen - auch langjährigen Teilnehmern - angesagt werden, "als wäre es das erste Mal", entsteht ein Bezug zum System der Yoga-Sūtras.
Erinnerung *(smṛti)* - an die Übung - ist eine *vṛtti* (unübersetzbares Wort), die "leidvoll und leidlos" ist und als solche erkannt werden muss (Yoga-Sūtra I,6). Und: Die Formel IAOOM. Wer sich darauf einlässt sie zu sprechen, kann nicht nur Beschwerden im Hals-Nasen-Ohrenbereich vermeiden, sondern ist der Rezitation, einer Übungstechnik zum Erleben der Sūtras, bereits sehr nahe. Angesprochen werden diese Assoziationen nicht, was aber ihren besonderen Reiz für den aufmerksam Übenden erst ausmacht.
Dass dieser Stil nicht überall Freunde gefunden hat, von Nachfolgern zu schweigen, liegt auf der Hand. Yesudian hat das gewusst und auf die Einrichtung einer Nachfolge fast ganz verzichtet. Wenige haben von ihm eher die Erlaubnis als den Auftrag erhalten in seinem Namen zu unterrichten. Im süddeutschen Raum war es vor allem Herbert Hildebrand aus Zürich, der in seinem Stil - fast so als wäre er es selbst - unterrichtet hat. Unsere Schule hat dort angeknüpft.